8° V
2795

PETIT
COURS SPÉCIAL D'ARTILLERIE

Paris. — Imprimerie de J. DUMAINE, rue Christine, 2.

PETIT
COURS SPÉCIAL D'ARTILLERIE

A L'USAGE DES

PELOTONS D'INSTRUCTION

ET DES

ENGAGÉS CONDITIONNELS D'UN AN

RÉDIGÉ SOUS FORME DE QUESTIONNAIRE

D'APRÈS LE PROGRAMME DU 15 JUIN 1877

PARIS
LIBRAIRIE MILITAIRE DE J. DUMAINE
LIBRAIRE-ÉDITEUR
Rue et Passage Dauphine, 30

AVRIL 1879

TABLE DES MATIÈRES

                                                                  Pages.

Extrait du programme du cours spécial d'artillerie à l'usage des pelotons d'instruction... VII

Chap. Ier. — Bouches à feu............ 1
— II. — Projectiles................ 23
— III. — Poudres, munitions, artifices. 39
— IV. — Affûts, voitures et attirails... 65
— V. — Pointage et tir............ 111
— VI. — Organisation et service de l'artillerie................. 140
— VII. — Conduite des batteries et des parcs : service en campagne. 158
— VIII. — Construction des batteries.... 202

FIN DE LA TABLE DES MATIÈRES.

EXTRAIT DU PROGRAMME
DU COURS SPÉCIAL D'ARTILLERIE
à l'usage des pelotons d'instruction.

Les matières comprises dans les chapitres I, II, III, IV et V doivent, autant que possible, être enseignées aux candidats sur le terrain, dans les séances de théorie pratique ; c'est surtout en leur montrant les objets, en les leur faisant toucher du doigt, qu'on parvient à graver dans leur esprit ce qu'ils doivent savoir.

Pour ne pas surcharger inutilement leur mémoire, il convient, en particulier, de réduire les nomenclatures aux indications essentielles et de ne les donner, avec quelque détail, que pour le matériel afférent aux bouches à feu dont la théorie est apprise par les candidats, en insistant de préférence sur le matériel de campagne en service dans le régiment ; mais les notions relatives aux hausses, au pointage et au tir, devront être possédées à fond par les candidats.

Les matières comprises dans les chapitres VI, VII et VIII, n'étant enseignées qu'au cours spécial, demandent, au contraire, à être traitées avec quelque développement ; il y aura lieu de compléter les leçons, toutes les fois que cela sera possible, par des exercices pratiques d'application sur le terrain.

Le programme destiné au peloton n° 2 est divisé comme celui du peloton n° 1, dont il ne diffère que par le développement donné à certaines parties ; on devra toutefois éviter les répétitions et passer assez rapidement sur les notions déjà acquises au peloton n° 1, tout en conservant au cours son caractère pratique.

On ne devra pas perdre de vue que les candidats auront à suivre plus tard le cours spécial complet, fait aux sous-officiers du régiment ; c'est seulement dans ce dernier cours que les notions théoriques, ainsi que les notions élémentaires sur la construction et la fabrication, pourront être abordées utilement.

CHAPITRE PREMIER.

BOUCHES A FEU.

Ce qu'on entend par canon, obusier, mortier, et comment on en énonce le calibre.

Bouches à feu en service dans l'artillerie : 1° pour la guerre de campagne ; 2° pour la guerre de montagne ; 3° pour les siéges ; 4° pour la défense des places et des côtes.

Pour chaque bouche à feu on indiquera le calibre, le métal, le procédé de chargement, le mécanisme de fermeture et le système d'obturation.

Ce qu'on entend par canon fretté ou tubé (1).
Différences entre les diverses fermetures de culasse en service, au point de vue du mécanisme, du système d'obturation et du système de sûreté.
Grain de lumière ; prépondérance de culasse.
Rayures ; leur objet, leur sens.
Démontage, remontage et entretien des fermetures de culasse ; remplacement des obturateurs.
Enclouer, désenclouer une bouche à feu.
Mettre hors de service une bouche à feu se chargeant par la culasse.
Dégradations produites pendant le tir.
Conservation des bouches à feu : peinture, bronzage.

CHAPITRE II.

PROJECTILES.

Formes, poids et charge intérieure des diverses espèces de projectiles employés avec les bouches à feu de campagne, de montagne, de siége, de place et de côtes.
Obus ordinaires ; — à double paroi ; — à balles ; boîtes à balles.
Bombes et appareils pour mortiers.
Ailettes ; tenons ; plaques isolantes ; chemises de plomb ; ceintures de cuivre ; précautions à prendre dans la manipulation de projectiles emplombés ou munis de ceinture de cuivre.
Conservation des projectiles ; précautions pour le transport.
Établissement des piles.

---

(1) Les parties imprimées en *italiques* dans le programme et en petits caractères dans le texte sont spéciales au peloton n° 2.

CHAPITRE III.

POUDRES, MUNITIONS, ARTIFICES.

Composition de la poudre : poudres en grain, poudres comprimées ; *précautions à prendre pour leur transport et leur conservation.*
Munitions pour bouches à feu : sachets, gargousses métalliques, gargousses en papier et en parchemin.
Cartouches pour canons à balles.
Étoupille fulminante.
Fusée fusante, fusée percutante ; leur usage.
Description des fusées en service.
Mèche à canon, mèche à étoupille ; sa fabrication, son usage. Flambeaux.
Dynamite ; cartouches de dynamite ; cordeau Bickford ; capsule ; procédé d'inflammation ; mode d'action ; emploi dans les polygones et en campagne ; précautions à prendre pour la conservation et le transport de la dynamite.
Chargement des projectiles creux, gargousses à blanc.
Chargement des coffres de campagne en munitions d'artillerie et en cartouches d'infanterie ; manière de distribuer les munitions, trousses, bissacs.
Caisses blanches.

CHAPITRE IV.

AFFUTS, VOITURES ET ATTIRAILS.

Affûts, avant-trains et caissons de campagne ; affût et caisse de montagne.
Affûts et avant-train de siége ; affûts de place, de casemate et de côtes.
Nomenclature très-sommaire de la forge, du chariot de

batterie, du chariot-fourragère, du fourgon, de la voiture régimentaire.

Voitures en usage pour le service des parcs : chariot de parc, chariot porte-corps, triqueballe.

Timons; essieux; roues; voie; tournant; mode de réunion des trains.

Mode d'attelage; modes d'enrayage; sabot; frein.

Rechanges; outils et ustensiles de campement transportés par les batteries de campagne; outils de section.

Chargement des avant-trains de forge et de chariot de batterie.

Chèvres; anneaux élingues.

Notions très-sommaires sur les équipages de pont, bateau, haquet, etc.

CHAPITRE V.

POINTAGE ET TIR.

Définitions générales. *Différentes espèces de tir : tir de plein-fouet, plongeant, etc.*

Discipline de pointage.

Description et usage des hausses; description et usage du niveau de pointage.

Emploi de la manivelle.

Procédés de pointage et de repérage usités dans les batteries de siége et de place; tir de nuit.

Appréciation des distances : usage du télomètre Goulier.

Tables de tir; carnets de bouches à feu. Influence du vent, de l'inclinaison de l'axe des tourillons.

Observation et réglage du tir : jumelles et lunettes de batterie.

Usage de la boussole de batterie.

Tir sur un but mobile.

Limite au delà de laquelle le tir des divers projectiles cesse d'être efficace; effets du tir.

ARMES PORTATIVES (1).

Nomenclature, démontage, remontage, entretien et tir des armes portatives en service dans l'artillerie.

CHAPITRE VI.

ORGANISATION ET SERVICE DE L'ARTILLERIE.

Artillerie d'un corps d'armée : artillerie divisionnaire, artillerie de corps.
Batteries à pied, — montées, — à cheval ; leur composition en personnel et matériel.
Sections de munitions d'artillerie et d'infanterie.
Compagnies du train d'artillerie ; parc de corps d'armée ; équipage de pont.
Mobilisation du régiment ; période de préparation à la mobilisation ; convocation des réservistes ; réunion des chevaux de réquisition ; leur mise en route pour leurs corps respectifs.
Incorporation : habillement, armement, équipement, harnachement, matériel et vivres de réserve.
Dédoublement des batteries et compagnies.
Ce qu'on entend par service en campagne, dans les siéges, dans la défense des côtes.

---

(1) Le programme de ce chapitre est développé dans les *Instructions sur les armes portatives*, instructions qui sont affichées dans les chambres et qu'on trouvera reproduites dans les théories et dans le *Manuel de l'instructeur de tir*.

CHAPITRE VII.

CONDUITE DES BATTERIES ET DES PARCS.
SERVICE EN CAMPAGNE.

Fonctions et devoirs d'un brigadier chef de voiture *et d'un chef de pièce*, avant le départ, pendant les marches, pendant les haltes, à l'arrivée ; surveillance de l'attelage, de la voiture et du matériel qu'elle porte ; logement, nourriture des hommes et des chevaux.

Accidents qui peuvent survenir pendant la marche ; moyen d'y remédier avec les rechanges ou par des dispositions de circonstance.

Particularités qui peuvent se présenter pendant la marche : montées, descentes, lieux habités, gués, etc. ; marche de nuit.

Ordre de marche des batteries et sections de munitions pour les routes et à proximité de l'ennemi ; camp d'une batterie.

Etablissement du parc d'une batterie : consigne du chef de poste, cantonnement, campement, bivouac.

Répartition de la batterie en batterie de combat et de réserve. Disposition de la batterie ainsi que des sections de munitions sur le champ de bataille ; réapprovisionnement de la batterie et ravitaillement des troupes d'infanterie ; remplacement des hommes et des chevaux mis hors de combat.

Fonctions et devoirs d'un chef de pièce et du sous-chef artificier sur le champ de bataille ; dispositions avant et pendant le combat ; emploi des différents projectiles.

Accidents qui peuvent survenir pendant le tir et moyen d'y remédier ; consommation et remplacement des mu-

nitions; *tranchées-abris*; *épaulements rapides*. *Dispositions après le combat*.
Réquisitions.
Destruction des voies ferrées et télégraphiques.
Transport par chemins de fer; *embarquement et débarquement des chevaux, du matériel et des hommes:* devoirs d'un chef de compartiment; mesures de police et de sûreté pendant la marche.
Fonctions, devoirs et responsabilité du sous-officier garde-parc : visites périodiques du matériel, prise en charge, comptabilité, remise du matériel.

CHAPITRE VIII.

CONSTRUCTION DES BATTERIES (1).

Nomenclature des éléments d'une batterie.
Confection des fascinages : gabions, saucissons, claies, sacs à terre, gazons, matériaux de circonstance.
Tracé d'une batterie; disposition des travailleurs.
Construction des revêtements; construction des plates-formes.
Armement et approvisionnement des batteries; construction des petits magasins à poudre.

---

(1) Ces travaux seront exécutés réellement sur le terrain.
Pour le peloton n° 4, toutes les notions des cours auront un caractère essentiellement pratique. On évitera les explications théoriques.

PETIT COURS SPÉCIAL D'ARTILLERIE

CHAPITRE PREMIER.

Bouches à feu.

Définitions et généralités.

1. — D. Qu'est-ce qu'un *canon* ?

R. C'est une bouche à feu qui a une grande longueur par rapport au diamètre de son projectile, et qui, ayant une assez forte charge par rapport au poids de son projectile, lance ce dernier avec force.

>   On appelle *bouche à feu* une arme non portative dont le service exige le concours de plusieurs hommes.
>   Les canons sont surtout destinés au tir à trajectoire tendue (V. 205), c'est-à-dire sous faibles angles (V. 126).

2. — D. Comment exprime-t-on le calibre des canons ?

R. Par le diamètre de l'âme exprimé en millimètres.

>   Ainsi un canon de 155 est un canon dont l'âme a 155 millimètres de diamètre.
>   La mesure est prise entre les cloisons.

Le calibre des anciens canons, se chargeant par la bouche, s'exprime par le poids en kilos du projectile qu'ils lancent.

> Ainsi un canon de 24 est un canon dont le projectile pèse environ 24 kilos.

3. — D. Qu'est-ce qu'un *mortier* ?

R. C'est une bouche à feu courte relativement au diamètre de son âme, et qui tire avec des charges très-faibles relativement au poids de son projectile.

> Le mortier de 220 lance un projectile d'environ 100 kil. avec une charge d'environ $6^k,400$. Le mortier de 270 lance un projectile d'environ 165 kil.
> Les mortiers sont surtout destinés à donner des trajectoires courbes (V. 205), et, par conséquent, à tirer sous de grands angles (V. 126).

4. — D. Comment exprime-t-on le calibre d'un mortier ?

R. Par le diamètre de l'âme mesuré en centimètres.

> Ainsi un mortier de 27 est un mortier dont l'âme a environ 27 centimètres de diamètre.
> Pourtant on désigne en millimètres le calibre des nouveaux mortiers rayés (V. 3).

5. — D. Qu'est-ce qu'un *obusier* ?

R. C'est une bouche à feu qui tient le milieu entre les mortiers et les canons.

> Ainsi un obusier est plus long qu'un mortier et plus court qu'un canon, relativement à son diamètre. De même, il tire à plus forte charge qu'un mortier et à moins forte charge qu'un canon, par rapport au poids de son projectile.
> Ex. : L'obusier de 22 lance un projectile de 80 kil.

sous la charge de 5 kil.; comme 5 est la 16ᵉ partie de 80, on dit que l'obusier tire à la charge du seizième. Le mortier de 22 lance un projectile de 24 kil. environ sous la charge d'un kilo, c'est-à-dire qu'il tire à la charge du vingt-quatrième.

Le canon de 138 lance un projectile de 24 kil. environ sous la charge de $3^k,500$, c'est-à-dire qu'il tire à la charge du sixième.

6. — D. Comment exprime-t-on le calibre des obusiers?

R. Comme celui des mortiers : par le diamètre de l'âme mesuré en centimètres.

7. — D. Quels sont les différents services auxquels une pièce peut être destinée?

R. Une pièce peut être destinée :
1° A la guerre de campagne;

> Dans ce cas, elle est amenée sur le champ de bataille, soit sur des routes, soit à travers champs, par des attelages qui doivent aller à de vives allures; les canons sont seuls employés dans la guerre de campagne;

2° A la guerre de montagne;

> Dans ce cas, on est obligé, pour la faire passer dans les sentiers et les mauvais chemins, de la faire porter à dos de mulet; on n'emploie que des canons dans la guerre de montagne;

3° A l'attaque des places fortes, c'est-à-dire à la guerre de siége;

> Dans ce cas, pour démolir les fortifications derrière lesquelles s'abrite l'ennemi et qui consistent en énormes masses de terre appelées *remparts* qui s'appuient à des murs extrêmement épais appelés *escarpes*, on est obligé de lancer des projectiles très-puissants; on emploie dans les siéges des canons, des obusiers

et des mortiers, qui sont généralement d'un grand poids parce que la puissance du projectile dépend en grande partie des dimensions de la bouche à feu qui le lance ;

4° A la défense des places ou des côtes.

Dans ce cas, les pièces sont établies à demeure et, par conséquent, on peut les faire aussi lourdes qu'il est nécessaire pour donner aux projectiles la plus grande puissance possible.

On emploie dans la défense des places et des côtes, des canons, des obusiers, des mortiers et des canons à balles (mitrailleuses).

Bouches à feu de campagne et de montagne.

8. — D. Quelles sont les bouches à feu en service dans l'artillerie de l'armée active pour la guerre de campagne ?

R. 1° Le canon de 95 en acier, fretté, rayé, se chargeant par la culasse.

On dit qu'un canon est *fretté* lorsqu'il est entouré sur une partie de sa longueur par des cercles en métal appelés *frettes*. Ces cercles, de forte épaisseur, sont chauffés au four, ce qui a pour effet d'augmenter leur diamètre. Chaque frette ainsi chauffée est enfilée dans le canon. Dès qu'elle est mise en place, on la refroidit, au moyen d'une pomme d'arrosoir, à petits filets d'eau. Le refroidissement fait resserrer la frette autour du canon, ce qui augmente beaucoup sa force.

Les frettes sont généralement appliquées à la partie arrière du canon, de la culasse jusqu'aux tourillons (V. 15 et 18).

Le canon de 95, construit d'après les plans du

colonel *de la Hitolle*, a pour culasse mobile une vis à filets interrompus, de l'invention du général *Treuille de Beaulieu*.

La culasse vissée dans le canon, lorsqu'elle est fermée, présente des joints par où peuvent s'échapper les gaz de la poudre pendant le tir. Ces infiltrations de gaz ont l'inconvénient grave d'encrasser la culasse et de la rendre difficile à ouvrir. En outre, une partie des gaz se perd, et, par conséquent, la force avec laquelle le projectile est lancé diminue.

Enfin ces fuites de gaz chaud pourraient produire des accidents analogues au crachement des fusils se chargeant par la culasse. Les dispositions prises pour empêcher les gaz de la poudre de s'échapper par les joints qui existent entre la culasse mobile et son logement constituent ce qu'on nomme le système d'*obturation*.

L'obturation est obtenue par l'emploi d'une rondelle en matière plastique et d'une tête mobile. Ce système, proposé par le colonel *de Bange*, s'appelle obturateur de Bange.

2° Les canons de 80 et de 90 en acier, rayés et frettés, se chargent par la culasse.

La culasse mobile est une vis à filets interrompus (système Treuille de Beaulieu), l'obturateur est du système de Bange.

9. — D. Qu'appelle-t-on pièce *tubée* ?

R. C'est une pièce formée de deux canons emboîtés l'un dans l'autre, sur tout ou partie de leur longueur. Le canon intérieur s'appelle *tube*, et le canon extérieur s'appelle *enveloppe* ou *manchon*.

Le tube va, en général, de la culasse jusqu'à hauteur des tourillons.

10. — D. Quelle différence y a-t-il entre les diverses fermetures de culasse en service au point de vue du mécanisme ?

R. Les systèmes de culasse des canons en service se composent en principe d'une vis à filets interrompus sur trois secteurs égaux, portée par un volet mobile autour d'une charnière et pouvant se visser dans un écrou de culasse.

Les différences principales, indépendamment de celles qui proviennent du système d'obturation ou du mécanisme de sûreté, sont : 1° la petitesse de la vis-culasse dans les pièces de 80 et 90, disposition qui empêche d'introduire à la main le projectile et la charge dans l'âme, mais qui a différents avantages, entre autres celui de donner plus de solidité à cette pièce (V. 164) ; — 2° les pièces de la culasse de 80 et 90 sont assemblées entre elles par des goupilles, ce qui rend leur démontage fort simple, tandis qu'il entre des vis dans la construction des autres culasses ; de plus, les goupilles perdues peuvent être remplacées par n'importe quel morceau de fil de fer ; — 3° tandis que, dans le 95, la tige de la tête mobile est cachée, et qu'il faut ouvrir la culasse pour l'en séparer, elle sort à l'extérieur, dans le 80 et le 90, ce qui permet de la séparer de la culasse sans ouvrir cette dernière ; ainsi, si par suite d'un grippement, d'un encrassement ou de toute autre cause, l'obturateur fait obstacle au mouvement de la culasse en arrière lorsqu'on veut ouvrir, on enlève *la bague à charnière* qui maintient la tige de la tête mobile en place, et on détruit ainsi la solidarité entre la tête mobile et la vis de la culasse. En ouvrant celle-ci par les moyens ordinaires, on laisse en place la tête mobile qu'on peut chasser à l'aide du refouloir introduit par la bouche de la pièce. — 4° La manivelle qui existe dans le 95 n'existe plus dans le nouveau matériel. On ouvre la culasse en relevant une tige en fer qui, articulée au derrière de la vis de culasse, se rabat, quand la culasse est fermée, contre la tranche de culasse, et sert à la fois de poignée, d'appareil de sûreté et de pied-de-biche pour décoller l'obturateur de son logement à chaque fois qu'on ouvre.

Il existe d'autres différences de détail entre ces différentes sortes de culasse.

11. — D. Quelles différences y a-t-il entre les diverses fermetures de culasse au point de vue du système de sûreté?

R. Les *systèmes de sûreté* sont destinés à empêcher la culasse de se rouvrir d'elle-même accidentellement une fois qu'elle a été fermée.

Le canon de 95 a un *linguet de sûreté*, qui, soulevé par un épaulement que porte la branche de la poignée de culasse quand on la rabat pour fermer, vient retomber derrière elle à la façon de la dent de loup d'un cric et empêche le mouvement inverse de la poignée. Il faut soulever le linguet avec la main pour pouvoir faire tourner la poignée de droite à gauche. — Dans le 80 et le 90, la tige de fer qui tient lieu de manivelle se rabat par son propre poids quand la culasse est fermée et sa tête en forme de came vient d'elle-même se loger dans un encastrement qui s'oppose au dévirage, et dont il faut la retirer pour ouvrir.

On entend quelquefois par système de sûreté des mécanismes qui ont pour but de protéger les filets de la bague écrou contre des dégradations. Tel est le but du *loquet* dans les pièces de 80 et 90. Ce dispositif réunit, quand on ouvre la culasse, le volet à la pièce, afin que la vis-culasse soit complètement dégagée de son écrou quand le volet est rendu libre. Quand on ferme, il maintient la vis reliée au volet et ne cesse d'agir que quand le volet est en place. Alors seulement la vis peut se porter en avant, et alors seulement elle peut être poussée à fond sans risque d'endommager les filets de la bague.

Le verrou du canon de 95 agit identiquement de la même manière.

Les canons de 138 sont également pourvus d'un verrou qui remplit le même rôle (V. 16).

12. — D. Quelles différences y a-t-il entre les diverses fermetures de culasse au point de vue du système d'obturation?

R. Dans le canon de 138 (système de Reffye), l'obturation est complète ; quand la charge prend feu, les gaz de la poudre compriment la cuvette du culot, appuient avec force la tête du rivet-paillette contre le trou de prise de feu et ferment ainsi le débouché de la lumière. Ils pressent en même temps le culot contre la chambre et contre le godet, sur lesquels il se moule. Enfin ils font gonfler la douille ; l'enveloppe de papier se déchire, le cylindre de fer-blanc s'ouvre, ses bords glissent sur le couvre-joint en s'y appuyant fortement, de manière que ce dernier ferme aussi aux gaz l'issue qu'ils pourraient trouver de ce côté.

Avec l'obturateur de Bange, les gaz de la poudre chassent violemment en arrière la tête mobile en forme de champignon. La rondelle en matière plastique est prise entre la vis de culasse, qui, solidement maintenue par son écrou, reste en place, et la tête mobile qui est poussée en arrière ; elle se trouve donc comprimée avec force. La diminution d'épaisseur qui résulte de cette compression amène une augmentation du diamètre extérieur de la rondelle ; son pourtour vient, par conséquent, s'appuyer fortement contre les parois de la chambre de l'obturateur, situé en arrière de la chambre à poudre. Le joint par où les gaz de la poudre pourraient s'échapper se trouve fermé de la sorte.

Mais la lumière n'est pas fermée, et les gaz peuvent s'échapper par là, ce qui fait perdre une partie de la force de la poudre et ce qui dégrade la lumière (V. 16).

L'obturateur, système de Bange, consiste en une rondelle de graisse et d'amiante renfermée dans une enveloppe en toile, maintenue entre deux coupelles d'étain. Des *bagues fendues* en laiton, placées en avant et en arrière de la rondelle, protègent les arêtes et les bords des coupelles.

13. — D. Quelle est la bouche à feu en service dans l'artillerie pour la guerre de montagne ?

R. Le canon de 80, en acier, fretté, système de Bange.

Bouches à feu de siége, de places et de côtes.

14. — D. Quelles sont les bouches à feu en service dans l'artillerie pour les siéges?

R. Les bouches à feu qui font actuellement partie du matériel de siége se composent de deux canons et de quatre mortiers, savoir :

1° Canon de 12 rayé de siége, en bronze, se chargeant par la bouche;

2° Canon de 24 rayé de siége, en bronze, se chargeant par la bouche. (V. 18).

> Ce canon est souvent appelé canon de 24 *court* pour le distinguer du canon de 24 de place qui a un mètre de plus et qu'on appelle canon de 24 *long*. Cette pièce peut d'ailleurs entrer dans la composition des parcs de siége, ainsi que les canons de 138, de 120 et de 155, qui sont pourtant des pièces de place.

3° Le mortier de 32.
4° Le mortier de 27.
5° Le mortier de 22.
6° Le mortier de 15.

Ces mortiers sont en bronze, leur âme est lisse, ils se chargent par la bouche.

> On étudie des mortiers rayés de 220 et de 270 (V. 4).

15. — D. Quelles sont les bouches à feu en service dans l'artillerie pour la défense des places et des côtes?

R. Les bouches à feu de l'artillerie de place proprement dite sont au nombre de cinq, savoir :

1° Le canon de 12, rayé, de place, en bronze, se chargeant par la bouche;

2° Le canon de 24, rayé, de place, en bronze, se chargeant par la bouche;

3° Le canon de 138, rayé, de place, en bronze, se chargeant par la culasse (vis de culasse du système Treuille de Beaulieu, gargousses obturatrices système de Reffye).

Ce canon a été construit d'après les idées du général *de Reffye*, auquel on doit également les canons de 5 et de 7, qui ne font plus partie de l'armement des batteries actives, et les mitrailleuses;

4° Le canon de 155, rayé, de place, en acier, fretté, se chargeant par la culasse (construit d'après les mêmes principes que les canons de 80 et de 90).

5° Le canon de 120, rayé, de place, en acier, construit d'après les mêmes principes que le canon de 155. Toutefois, il est fretté jusqu'à la bouche. En outre, le canal de lumière percé dans la tête mobile est muni d'un grain de cuivre avec chambre d'expansion des gaz et boule d'acier obturatrice (V. 16).

L'armement des places comprend encore d'autres pièces provenant de l'artillerie de marine et qui forment presque exclusivement l'armement des batteries de côtes.

De ce nombre sont:

1° L'obusier de 22, en fonte, fretté d'acier, rayé, se chargeant par la bouche;

2° Le canon de 16, en fonte, fretté d'acier, rayé, se chargeant par la culasse. — La culasse mobile est du système Treuille de Beaulieu. — L'obturateur est composé d'une couronne et d'un disque, percé d'une ouverture centrale sur le bord de laquelle on a ménagé trois adents en talus, permettant de le fixer à la culasse mobile.

> Ce disque (en acier ou en cuivre) prend appui, par suite de la pression des gaz de la poudre, contre un logement cylindrique pratiqué à l'arrière de la chambre et ferme le joint de la vis de culasse.

3° Les canons de 19, de 24 et de 27 centimètres dont le métal, le mode de fermeture et le système d'obturation sont analogues aux précédents;

4° Le mortier à plaque de 32 c. de côté, en fonte, lisse, se chargeant par la bouche.

> Enfin dans les places, on utilise aussi des pièces de siége, même des pièces de campagne et des canons à balles.

Le canon à balles (ou *mitrailleuse*) est formé d'une enveloppe en bronze dans laquelle est placé un tube en acier contenant 25 canons rayés se chargeant par la culasse.

L'obturation se fait par la cartouche qui est métallique, comme celles du mousqueton et du revolver.

Détails de construction.

16. — D. Qu'est-ce que la *lumière* et comment est-elle faite?

R. La lumière est le canal destiné à contenir l'étoupille, et par lequel on met le feu à la charge de poudre.

La lumière est pratiquée dans l'épaisseur du métal des canons se chargeant par la bouche, des obusiers, des mortiers et des canons de 95.

Dans le 138, elle traverse obliquement la vis de culasse et vient déboucher au centre du culot. Dans le 80 et le 90, elle est pratiquée dans la tige de la tête mobile.

Sauf dans le 138 (V. 12), où le rivet-paillette de la gargousse venant s'appliquer sur le trou de prise de feu, masque le débouché de la lumière, les gaz de la poudre s'échappent par la lumière et la dégradent ou l'agrandissent petit à petit (V. 12).

> On diminue l'usure du métal (dans les canons de 90) en donnant au *canal* de lumière un plus large diamètre sur une petite partie de sa longueur, de manière à former une *chambre de détente* où les gaz trouvent à se ralentir et se refroidir.

Pour pouvoir la remplacer quand elle est trop abîmée, on perce totalement ou partiellement le *canal* de la lumière dans ce qu'on nomme un *grain de lumière*. On appelle ainsi un tube très-épais qui se visse dans le métal de la pièce ou de la tête mobile et qui y est maté intérieurement, de sorte que les gaz ne puissent s'infiltrer par les joints dans les filets de la vis. Ce tube est en métal peu fusible : en cuivre rouge, en général.

> Dans le 4 de montagne, le corps du grain est en fer; la partie voisine de l'âme est seule en cuivre rouge; le grain de lumière se divise donc en deux parties : le corps du grain fileté et le tampon de forme tronconique.
>
> Dans certaines pièces de marine, le canal de lumière est percé dans un grain de lumière qui traverse le frettage et le corps du canon. Ce grain de lumière aboutit à l'intérieur et ne va pas jusqu'à l'extérieur; il se compose d'une pièce en cuivre dans laquelle est enchâssée une bague d'acier. La base supérieure du grain est surmontée d'un cylindre. Ce cylindre s'em-

boîte dans la partie inférieure d'un tube en acier qui, vissé dans le corps du canon, s'appuie par le bas sur la tranche de la bague et, de l'autre côté, vient aboutir à l'extérieur sur la surface du canon.

On a essayé d'empêcher la fuite des gaz par le canal de lumière en interposant une boule d'acier que les gaz pressent, au moment du tir, contre le débouché du canal et qui cesse, par l'effet de son élasticité, d'y rester appliqué : ce procédé n'est pas employé avec les pièces de campagne (canon de 120).

La boule d'acier agit à la façon d'une soupape.

17. — D. Qu'appelle-t-on *prépondérance de culasse* ?

R. C'est la différence de poids entre la partie de la bouche à feu qui est en avant des tourillons et celle qui est en arrière.

Quand la partie qui est en avant des tourillons pèse plus que celle qui est en arrière, ce qui existe dans les mortiers et dans les canons de 155 et de 120, on dit que la prépondérance est à la volée ou qu'il y a *prépondérance de volée* (V. 139).

Dans les canons où la prépondérance est faible (canon de 95), les mouvements de la vis de pointage sont faciles, mais la pièce ne suit pas toujours la vis quand celle-ci descend. C'est pourquoi on prescrit d'appuyer la main sur la manette de la manivelle de culasse.

18. — D. Que distingue-t-on sur la surface extérieure d'un canon ?

R. Le canon est un tube d'une forme variable, renforcé vers la culasse par des surépaisseurs de métal qu'on appelle *renforts*, orné des moulures, portant deux *tourillons* qui permettent à la pièce de rester maintenue à son affût.

Dans les pièces frettées, les tourillons sont portés par une frette nommée pour ce motif *frette-tourillons*.

Les *moulures*, peu nombreuses dans les pièces en acier, qui sont d'un travail assez difficile, sont destinées à l'ornementation. Elles servent aussi à faciliter les manœuvres de force en donnant appui aux cordages qu'on peut employer et aux mains.

Les *anses* sont également commodes pour soutenir les pièces quand on les brêle à leur avant-train, à un trique-bale ou à une chèvre, et surtout quand on les déplace dans les ateliers de construction ou sur les quais des gares où leur embarquement se fait souvent à l'aide de grues.

Aussi rapporte-t-on une anse à certaines pièces en acier frettées (canon de 155).

Les pièces en fonte, à cause de la nature cassante de ce métal, ne sont point munies d'anses.

Pendant le tir, les tourillons supportent à eux tout seuls, tout l'effort en arrière qui produit le recul de la pièce. Aussi faut-il qu'ils aient une grande résistance et, par conséquent, qu'on les fasse suffisamment gros. Mais s'ils avaient un trop fort diamètre, ils tourneraient difficilement dans les sous-bandes et on aurait du mal à pointer la pièce (V. 127).

Le canon de 24 court (V. 14), fait pour rester constamment en équilibre autour des tourillons et ne reposant pas sur la vis de pointage comme la plupart des autres pièces, a de très-gros tourillons qui présentent un pan coupé à leur partie supérieure, afin que l'ouverture des anses ne soit pas obstruée (V. 213).

A part cette pièce, tous les canons ont des tourillons de forme cylindrique; ils reposent sur des *embases* qui maintiennent la pièce dans les flasques de l'affût.

Ils ont habituellement à peu près le diamètre de la pièce.

Les tourillons des mortiers ont des *renforts* obliques dans le sens de l'axe du mortier.

19. — D. Quel est le but des *rayures* ?

R. C'est de donner au projectile un mouvement de rotation qui lui permet de fendre l'air plus aisément et augmente sa justesse.

20. — D. Dans quel sens tournent les rayures ?

On dit qu'une pièce est rayée de droite à gauche lorsque l'homme placé à la culasse et regardant du côté de la bouche de la pièce voit la rayure supérieure tourner à gauche en s'éloignant de lui.

R. Dans les canons de 95 et de 138, les rayures tournent de droite à gauche.

Il en est de même dans les canons de la marine.

Dans les pièces se chargeant par la bouche, dans les nouveaux canons de 80, de 90 et de 155, les rayures tournent de gauche à droite.

D'une façon générale, la hausse des pièces rayées de droite à gauche est à gauche de la culasse, et la hausse des pièces rayées de gauche à droite est à droite.

21. — D. Quelles sont les différentes espèces de rayures des pièces en service ?

R. Dans les canons se chargeant par la bouche, la rayure est *à pas constant*, c'est-à-dire que la quantité dont le projectile tourne est en proportion de la quantité dont il avance.

Au contraire, dans les nouvelles pièces, la rayure est *progressive*, c'est-à-dire tracée de telle sorte que le projectile commence à avancer sans tourner, et qu'il n'est engagé que progressivement dans son mouvement de rotation. Ce genre de rayures fatigue moins la pièce.

Dans les canons de Reffye, les cloisons vont en s'élargissant de la culasse à la bouche, et par conséquent les rayures vont en se rétrécissant, ce qui a pour but de mieux diriger le projectile.

Les rayures sont plus profondes et moins nombreuses dans les canons se chargeant par la bouche que dans les pièces qui se chargent par la culasse.

22. — D. Quel est l'effet produit par les rayures sur la direction que suit le projectile ?

R. Le projectile est *dévié* à droite (ou à gauche), en

dehors du plan de tir, si la pièce est rayée de gauche à droite (ou de droite à gauche).

Démontage et entretien des culasses.

23. — D. Comment démonte-t-on une culasse ?

R. Pour démonter une culasse de 80 ou de 90, on soulève le bec supérieur du loquet, on pousse la culasse mobile en avant, de manière à pouvoir enlever la clef.

Dès qu'elle est retirée, on retire la vis-culasse en continuant à soulever le bec supérieur du loquet.

Il ne reste plus qu'à retirer des boulons maintenus par des goupilles qu'on chasse préalablement (V. 10).

Il est important d'enlever la tête mobile avant de séparer la vis-culasse du volet.

24. — D. Comment remplace-t-on les obturateurs du système de Bange ?

R. On commence par enlever la tête mobile, ce qui se fait en enlevant dans les culasses de 80 ou de 90 la bague à charnière.

Il est interdit aux canonniers de chercher à séparer, sans ordre, la tête mobile de l'obturateur.

Dans le canon de 95, on dévisse le goujon servant de vis-arrêtoir au moyen d'une clef spéciale placée dans le coffre d'avant-train de la pièce. On ne fait pas sortir complétement la vis de son logement : il suffit qu'elle vienne affleurer la surface de la vis de culasse : on saisit la tête mobile, on dégage la tige, et l'on peut enlever l'obturateur.

25. — D. Comment entretient-on les fermetures de culasse?

R. Après les avoir démontées, on en lave à fond les différentes parties avec l'éponge mouillée, on essuie ensuite jusqu'à ce que toutes les parties soient complétement sèches.

Si les parties en fer ou en acier sont légèrement rouillées, les frotter avec la brosse rude et grasse ou avec la curette en bois. Essuyer ensuite avec un linge sec.

L'usage de la lime, de l'émeri ou du grès est formellement interdit aux canonniers; si une culasse est profondément rouillée, le garde-parc la fait nettoyer à l'émeri, en sa présence, par les ouvriers en fer de la batterie.

Les pièces de la culasse étant lavées et essuyées, on passe la brosse grasse sur toutes les parties du mécanisme, sans craindre de mettre un excès d'huile ou de graisse sur celles qui ne sont pas employées pour le service courant.

Si l'obturateur est déformé, on lui rend à peu près sa forme en le pressant entre les doigts (V. 315).

Après chaque tir, on nettoie la tête mobile et l'obturateur en les plongeant dans l'eau et en les frottant avec une éponge. Les crasses qui se forment sur le champignon peuvent être enlevées à l'aide d'un couteau (V. 94).

26. — D. Comment remonte-t-on les fermetures de culasse?

R. Par les moyens inverses de ceux qu'on emploie pour le démontage.

Il faut avoir soin, en remettant l'obturateur en place, de bien graisser le champignon, la tige et la vis-arrêtoir.

Il faut aussi graisser ou huiler convenablement, après le montage de la culasse mobile, toutes les parties du mécanisme qui sont cachées.

La culasse étant en place, huiler légèrement les parties supérieures et inférieures du boulon de charnière. Introduire avec une barbe de plume de l'huile dans toutes les parties intérieures du volet qui ne sont pas en contact avec la vis-culasse, dans le logement du loquet, etc.

Mise hors de service des bouches à feu.

27. — D. Qu'appelle-t-on *enclouer* une pièce?
R. C'est enfoncer un clou dans la lumière, en le forçant de manière qu'il n'en puisse être retiré; la pièce se trouve ainsi mise hors de service, tant qu'elle reste enclouée.

Pour empêcher l'extraction du clou, on rive à coups de refouloir la partie du clou qui sort de la lumière dans l'âme.

A défaut de clous, on emploie la tige d'un dégorgeoir, une baguette de mousqueton, etc.

Il y a deux cas principaux où l'on a occasion d'enclouer une pièce, savoir: 1° quand on s'empare d'une pièce de l'ennemi et qu'on craint qu'il ne la reprenne; il faut alors se hâter de la mettre hors d'état de servir; 2° quand on est soi-même obligé d'abandonner ses pièces, soit sur le champ de bataille, soit dans un ouvrage de fortification.

L'enclouage n'est employé qu'avec les bouches à

feu se chargeant par la bouche; on a des moyens plus sûrs et plus rapides de mettre hors de service les canons se chargeant par la culasse.

28. — D. Quels sont les autres moyens de mettre hors de service une pièce se chargeant par la bouche?

R. On peut mater le grain de lumière à coups de marteau, de manière à refouler le métal et à obstruer le canal.

On peut introduire un projectile jusqu'au fond de l'âme, la pointe en avant, et *l'éclisser* fortement, c'est-à-dire le caler pour qu'on ne puisse le faire sortir en dressant la pièce sur sa bouche.

On peut faire éclater une pièce en la chargeant à outrance, en remplissant avec du sable et de la terre bien damée et en mettant le feu avec précaution.

On peut tirer une pièce en mettant sa bouche contre la bouche ou contre la volée de celle qu'on veut dégrader; cela suffit pour fausser cette dernière.

29. — D. Y a-t-il des procédés de mise hors de service qui soient applicables aux pièces se chargeant par la bouche et à celles qui se chargent par la culasse?

R. Oui, la destruction de la pièce ou, au moins, de ses tourillons par l'emploi de la dynamite (V. 109).

30. — D. Qu'est-ce que *désenclouer* une pièce?

R. C'est enlever le clou introduit dans la lumière d'une pièce enclouée et la remettre en état de servir.

On peut y arriver en introduisant une charge de poudre jusqu'au fond de l'âme et en y mettant le feu par la bouche au moyen d'une mèche.

Ceci suffit ordinairement pour faire sauter le clou, surtout s'il n'est pas vissé dans la lumière. S'il est vissé, on peut dévisser le grain à l'aide d'un tourne-à-gauche et changer la lumière, ou, encore, percer une seconde lumière en avant de la première.

Quand il y a dans l'âme des projectiles éclissés, on

verse de la poudre par la lumière, et l'on y met le feu. Cette opération, pouvant amener l'éclatement de la pièce, exige des précautions.

31. — D. Comment peut-on mettre hors de service une bouche à feu se chargeant par la culasse?

R. On enlève et on emporte les culasses mobiles. Si on ne peut le faire, on ébrèche à coups de pioche et de marteau les filets de la vis de culasse et de la bague, on enlève les vis-guides ou la clef, le pivot du volet ou le boulon de charnière, on casse le verrou ou le loquet, etc.

On enlève la tête mobile, et on emporte l'obturateur.

Dans les canons à balles, on enlève le système ou on le brise; on détruit à coups de marteau les culasses mobiles, ainsi que les lunettes de serrage et de déclanchement.

On peut faire éclater un des canons de la mitrailleuse en le bouchant fortement à la bouche et en y tirant une cartouche.

32. — D. Comment peut-on empêcher l'ennemi de se servir d'une pièce, sans dégrader celle-ci?

R. En détruisant les munitions ou l'affût, et en enlevant les hausses.

Pour détruire les munitions, on peut brûler ou noyer les charges. Pour endommager l'affût, on peut scier et brûler les rais, casser les fusées d'essieu, fausser et dégrader la vis de pointage, etc., etc.

Conservation des bouches à feu.

33. — D. Quelles sont les dégradations qui se produisent dans les bouches à feu par l'effet du tir?

R. Dans les canons où le projectile peut ballotter (pièces se chargeant par la bouche), la poudre, en le chassant, le dirige obliquement sur les parois de l'âme, il rebondit alors et vient battre la paroi opposée. Ce phénomène se reproduisant avec une certaine régularité, le métal se trouve refoulé au point habituellement frappé; la dépression qui en résulte s'appelle *battement*. Si on la constate à la bouche de la pièce, on la nomme *égueulement*.

L'endroit où pose le projectile est souvent aussi déprimé. Les dépressions de cette nature sont appelées *logements*. On les évite en déplaçant le projectile qu'on sépare de la charge par un *sabot*, un *bouchon* ou un *tampon* plus ou moins long.

Dans les canons où le projectile ne peut ballotter, où, comme on dit, il est *forcé* (pièces se chargeant par la culasse), il n'y a pas à craindre de battements. Le logement n'existe pas non plus, surtout dans les pièces en acier. En revanche, il y a à craindre l'usure des rayures et les dégradations de la culasse mobile ou de l'obturateur, notamment des encrassements. Enfin on a remarqué que, par l'effet d'un tir prolongé, le grain de lumière finissait par s'étirer aussi bien à l'intérieur du canon qu'à l'extérieur, ce qui a pour effet de gêner l'introduction de la charge. On a atténué cet inconvénient, dans le 80 et le 90, en faisant déboucher la lumière au milieu du champignon.

34. — D. Comment conserve-t-on les pièces de campagne?

R. Elles sont toujours sur roues, c'est-à-dire montées sur leurs affûts, munis de leurs roues, et par conséquent prêtes à partir. Le matériel est abrité dans des hangars.

35. — D. Les pièces reçoivent-elles parfois une peinture?

R. Les bouches à feu en fonte, conservées dans les arsenaux, sont recouvertes de coltbar (goudron minéral), destiné à empêcher leur oxydation.

On recouvre parfois les pièces en acier d'un enduit formé de suif, d'huile de lin cuite et de céruse, qu'on applique à chaud.

Enfin, sur les différentes parties du matériel, on peint des marques distinctives, indiquant, en général, le calibre de la pièce et les numéros du régiment et de la batterie.

36. — D. Qu'appelle-t-on *bronzage* ?

R. C'est une opération qui a pour effet de recouvrir les canons en acier d'un dépôt métallique brun et terne. Le bronzage rend la pièce plus difficile à apercevoir, en empêchant des reflets qui, en campagne, suffisent à révéler à l'ennemi la position qu'on occupe. En même temps, il diminue l'oxydation.

Le bronze ne s'oxydant pas à l'air, les pièces faites en ce métal ne sont ni peintes ni bronzées.

CHAPITRE II.

Projectiles.

Formes et poids.

37. — D. Quelles sont les deux formes habituelles des projectiles?

R. Les uns sont ronds ou *sphériques*, les autres sont allongés ou *oblongs*.

38. — D. Comment appelle-t-on les projectiles sphériques?

R. On les appelle *boulets*, s'ils sont pleins; on les appelle *grenades, bombes* ou *obus*, s'ils sont creux.

> On n'emploie plus de boulets actuellement.
> Les *balles* sont des projectiles pleins; celles qui entrent dans les boîtes à balles et les obus à balles sont également sphériques.
> Les grenades, bombes et obus sphériques sont lancés par les mortiers.
> La grenade est aussi souvent lancée à la main ou à l'aide d'une fronde (V. 56 et 59).

39. — D. Comment sont faits intérieurement les projectiles sphériques creux?

R. La *chambre* intérieure destinée à recevoir la poudre est concentrique dans les grenades et les obus, c'est-à-dire que l'épaisseur du métal du projectile est partout la même.

Au contraire, dans la bombe, l'épaisseur est plus forte du côté opposé à l'œil de la fusée (V. 88).

On appelle *fusée* un petit appareil destiné à produire en temps utile l'inflammation de la charge intérieure de la poudre. La fusée s'engage, à cet effet, dans un trou percé dans le projectile : c'est ce qu'on nomme l'*œil*. Si le projectile s'enfonçait en terre avant d'éclater, et s'il arrivait l'œil en avant, la terre pourrait entrer dans la fusée et l'éteindre (V. 94) ou, comme on dit, l'*aveugler*. C'est pour empêcher cet inconvénient, grave surtout avec les projectiles lourds destinés à agir sur des maçonneries, et, par conséquent, à ne pas éclater en l'air, qu'on leur a donné une surépaisseur du côté opposé à l'œil.

Cette surépaisseur se nomme *culot*.

Les bombes se distinguent des obus : intérieurement par l'existence d'un culot, et extérieurement par l'existence d'*anneaux* placés de part et d'autre de l'œil de la fusée pour la commodité de leur maniement, les bombes étant plus lourdes que les obus. Chaque anneau passe dans un œil pratiqué dans un *mentonnet*, petit renflement coulé avec le projectile.

40. — D. Quelles sont les différentes espèces de projectiles oblongs ?

R. Il y a les *obus*, qui sont creux, et contiennent de la poudre et des balles, ou seulement de la poudre.

Il y a aussi les *boîtes à mitraille*, qui sont creuses et renferment des balles, mais pas de poudre.

Il y a enfin, dans l'artillerie de marine, des projectiles oblongs appelés *boulets*.

41. — D. Quelles sont les diverses espèces d'obus oblongs ?

R. On en distingue deux, savoir : l'obus ordinaire et l'obus à balles.

Il y a aussi des obus *à double paroi* de 95, mais ils sont destinés à disparaître de l'approvisionnement.

42. — D. Qu'est-ce que *l'obus ordinaire ?*

R. C'est un projectile qui ne contient que de la poudre : il est de forme cylindro-ogivale, c'est-à-dire qu'il est formé d'un *corps* cylindrique terminé par une *pointe* en forme d'*ogive*. Une fusée placée à la pointe de l'obus sert à enflammer la poudre en temps utile (V. 39).

43. — D. Quelle est la forme intérieure de l'obus ordinaire ?

R. En général, il présente à l'intérieur la même forme qu'à l'extérieur. Pourtant on fait en sorte que l'épaisseur la plus faible soit au milieu du culot.

> Cette disposition a pour but d'obtenir que le culot se fragmente en plusieurs morceaux au lieu de se séparer tout d'une pièce quand le projectile éclate.

44. — D. A quoi servent les obus ordinaires ?

R. A détruire par leurs éclats les hommes, les chevaux et le matériel, et même à bouleverser et démolir les murs, les épaulements en terre, derrière lesquels l'ennemi peut s'abriter.

> Pour atteindre les hommes et les chevaux, il est à désirer que l'obus éclate en l'air et donne le plus d'éclats possible ; au contraire, pour détruire un mur ou un parapet, il vaut mieux qu'il éclate dans l'inté-

rieur de ce mur ou de ce parapet. Dans les deux cas, plus il y aura de poudre contenue dans le projectile, plus son effet sera considérable, soit parce que les éclats seront lancés plus fort, soit parce que les terres ou les maçonneries seront plus ébranlées.

Aussi donne-t-on à la chambre intérieure destinée à recevoir la poudre, les plus grandes dimensions possibles, sans toutefois trop diminuer l'épaisseur du projectile qui, trop mince, se briserait au départ par le choc de la poudre ou à l'arrivée par le choc contre le sol.

45. — D. Qu'est-ce qu'un *obus à balles* ?

R. C'est un projectile qui a extérieurement même forme que l'obus ordinaire et qui renferme de la poudre et des balles.

On distingue les deux obus soit en modifiant un peu la tête de l'ogive, en lui donnant, par exemple, une forme de goulot de bouteille (obus à balles des canons se chargeant par la bouche); soit en leur donnant une couleur différente. Dans les canons de campagne, on peint en *noir* la tête de l'obus ordinaire, en *rouge* celle de l'obus à balles, en *blanc* celle de l'obus à double paroi.

46. — D. Quelle est la forme intérieure de l'obus à balles de 24?

R. La chambre intérieure a la même forme générale que l'obus.

47. — D. Comment sont placées les balles et la poudre dans les obus à balles de 24 ?

R. On introduit dans l'obus, par l'œil de la fusée, la moitié environ des balles ; on verse alors un peu de sable destiné à remplir les interstices des balles du fond et à empêcher le soufre qu'on coule ensuite de descendre jusqu'au fond de l'obus, ce qui collerait trop fortement les balles entre elles. On introduit le reste des balles, et l'on verse par-dessus une certaine quantité de soufre fondu en ayant soin de faire prendre toutes les balles.

On verse ensuite la charge de poudre de manière à remplir l'obus.

> Il importe que toutes les balles soient prises par le soufre fondu, parce que s'il en restait quelques-unes libres au milieu de la poudre, elles finiraient par la broyer et la réduire en poussière, ce qui la rendrait plus difficilement inflammable et lui enlèverait de la force (V. 77). — C'est à quoi sert le soufre fondu ; il empêche aussi la poudre de se répandre dans les interstices des balles, ce qui rendrait aussi son inflammation plus lente et plus difficile.

48. — D. Quel inconvénient y a-t-il à mettre la poudre du côté de la tête du projectile ?

R. En éclatant, la poudre chasse les balles en arrière, elle ralentit leur vitesse au lieu de l'augmenter ; il en résulte qu'elles viennent frapper le but avec moins de force que si le projectile, par une raison quelconque, venait à se fendre et à s'ouvrir en l'air, sans éclater.

49. — D. Comment, dans les nouveaux projectiles, a-t-on remédié à cet inconvénient ?

R. En plaçant la poudre dans un tube en laiton central, c'est-à-dire allant depuis la fusée jusqu'au culot ; on dispose tout autour les balles qu'on introduit avant de mettre le tube en place.

50. — D. A quoi servent les obus à balles ?

R. A atteindre les hommes et les chevaux ; le grand nombre de balles donne plus de chances d'atteindre ; il est vrai qu'elles sont lancées sans beaucoup de force, mais leur vitesse est toujours suffisante pour occasionner des blessures.

> La vitesse est faible, parce que la charge de poudre

ne peut être considérable, puisqu'une partie du vide intérieur est occupée par les balles.

51. — D. Qu'est-ce que la *boîte à mitraille* ?

R. C'est un cylindre en métal faible, en zinc, par exemple, plein de balles qui sont généralement en fer forgé.

Dans certaines boîtes à mitraille, un disque en bois, fixé à l'un des bouts du cylindre, sert de culot.

Quand on lance ce projectile, l'enveloppe se brise soit dans l'âme, soit au sortir de la pièce, et les balles s'éparpillent comme le plomb tiré par un fusil de chasse.

L'enveloppe doit être en métal faible, pour se briser facilement et aussi pour ne pas dégrader les rayures.

52. — D. A quoi servent les boîtes à mitraille ?

R. A atteindre les hommes et les chevaux sur une grande étendue à une faible distance de la bouche de la pièce.

La mitraille, s'éparpillant comme les grains de plomb d'un fusil de chasse, n'est plus guère dangereuse au delà de 600 à 800 mètres, suivant les pièces.

53. — D. Quels sont, en nombres ronds, les poids des différents projectiles ?

R. L'obus du 80 de campagne pèse 5k,5.
— du 90 de campagne pèse 8 kil.
— du 95 de campagne pèse de 10 à 11 kil.
— du 138 de place pèse de 23 à 24 kil.
— du 120 de place pèse 18 kilos.
— du 155 de place pèse 40 kilos.

Les projectiles des pièces de 4, de 12, de 24 pèsent environ 4, 12, 24 kil. (V. 2).

L'obus (sphérique) du mortier de 15c pèse 7^k,500.

L'obus (sphérique) du mortier de 22c pèse environ 23^k.

La *bombe* du mortier de 27c pèse environ 52^k.
La *bombe*   —   de 32c   —   75^k.

Projectiles spéciaux des mortiers.

54. — D. Emploie-t-on avec les mortiers d'autres projectiles que les bombes et les obus?

R. Oui : on emploie encore l'appareil Moisson, l'appareil à tige cannelée et la boîte à caffûts.

> Ces appareils se confectionnent généralement sur place, avec les matériaux dont on se trouve pouvoir disposer : ils lancent un assez grand nombre de projectiles, mais sans aucune précision.

55. — D. Comment fait-on *l'appareil Moisson?*

R. On scie en deux, par le milieu, un petit tonneau ou un baril. On renforce le fond en y clouant un *plateau*, pièce de bois de 5 ou 6 centimètres d'épaisseur : ce plateau est destiné à s'appuyer sur la tranche de la bouche, l'ouverture du demi-baril étant tournée en l'air.

Sur le plateau on cloue une pièce de bois presque aussi longue et presque aussi grosse que l'âme du mortier : c'est ce qu'on appelle le *tampon*. Il s'engage dans l'âme et y maintient l'appareil.

56. — D. Comment emploie-t-on l'appareil Moisson?

2.

R. Après avoir saupoudré le fond de pulvérin, on remplit le demi-baril d'obus (sphériques) ou de grenades dont on a bien soin de placer les fusées en bas, après les avoir décoiffées.

On introduit alors la charge de poudre dans le mortier, et, par-dessus, on engage le tampon jusqu'à ce que le plateau, c'est-à-dire le fond du demi-baril, s'applique sur la tranche de la bouche.

Ceci fait, on met le feu au mortier, au moyen du tire-feu et de l'étoupille (V. 87); l'appareil Moisson est projeté en avant. En même temps, les gaz de la poudre s'infiltrant dans des trous pratiqués exprès à l'avance dans le tampon, le plateau et le fond du demi-baril, viennent enflammer le pulvérin et les fusées des obus ou des grenades de façon à les faire éclater.

57. — D. En quoi consiste *l'appareil à tige cannelée?*

R. C'est un *sabot* en bois dur, c'est-à-dire un disque de bois assez épais, ayant à peu près le même diamètre que le mortier. On l'introduit jusqu'au fond de l'âme, au point où commence la chambre. Par-dessus ce sabot on place des boulets jusqu'à la bouche du mortier. Pour maintenir ces boulets, le sabot porte en son milieu une tige de fer qui traverse un manchon en bois. Ce manchon porte sur toute sa longueur des sillons où *cannelures* dans lesquels on engage les boulets, de sorte qu'ils sont maintenus entre les parois du mortier et le manchon. C'est ce manchon qui porte le nom de *tige cannelée.*

58. — D. Qu'appelle-t-on *boîte à caffûts?*

Les *caffûts* sont des débris de projectiles : en un mot, de la vieille ferraille.

R. C'est une espèce de boîte à mitraille pour les mortiers.

Elle est formée d'un cylindre en tôle, fermé par deux fonds généralement en tôle. A celui de ces fonds qui doit être introduit dans l'âme (c'est le plus solide), on cloue un tampon en bois dur de quelques centimètres d'épaisseur, percé en son milieu d'un trou relativement grand. Les gaz de la poudre passant par ce trou au moment où la boîte à caffûts est lancée en l'air, brisent le sabot en bois et percent le fond de la boîte, en même temps qu'ils l'ouvrent suivant le joint. Il en résulte que les caffûts qui remplissent la boîte sont dispersés et agissent comme la mitraille.

Quand la boîte est chargée avec des boulets (ou des balles) au lieu de caffûts, on l'appelle boîte *à boulets* (ou *à balles*).

Pour le tir à 45° on laisse le couvercle de la boîte légèrement assujetti. Pour le tir à 60°, on le retire.

59. — D. Le mortier de 22° ne lance-t-il pas un projectile spécial?

R. Oui : la *balle à feu*.

Les balles à feu sont des projectiles éclairants destinés à être lancés au milieu des travaux que l'ennemi peut avoir à exécuter dans la guerre de siége. — Elles se composent essentiellement d'une matière inflammable (V. 97), contenue dans une enveloppe (sac de serge ou de treillis) qui est entourée d'une *carcasse*, formée de fils de fer ou de deux grands cercles en tôle d'acier placés à angle droit. Leur croisement est couvert par un culot en tôle de fer. La carcasse est consolidée par deux petits cercles parallèles au culot et par des boulons qui rejoignent deux à deux les extrémités des grands cercles.

Le tout est généralement recouvert d'une couche de goudron.

Au milieu de la composition éclairante, on dispose une grenade chargée, destinée à faire explosion au moment où la balle à feu va s'éteindre. Par ce moyen, on intimide les ennemis qui voudraient s'approcher de la balle à feu pour chercher à la noyer, à la couvrir de terre, à la faire rouler plus loin.

On amorce la balle à feu en y enfonçant, dans le voisinage des têtes des boulons, des faisceaux de mèche qui s'enflamment par l'effet du passage des gaz de la poudre et communiquent le feu à la composition éclairante.

Les balles à feu brûlent moyennement pendant 8 à 10 minutes.

Transmission du mouvement de rotation.

60. — D. Comment le mouvement de rotation (V. 19) est-il communiqué aux projectiles dans les canons qui se chargent par la bouche?

R. Au moyen de saillies disposées sur le projectile qui viennent s'engager dans les rayures. Comme celles-ci tournent en tire-bouchon, il en résulte que le projectile est conduit à tourner de la même façon, tant qu'il est à l'intérieur de l'âme, et ce mouvement continue quand il en est sorti.

Ces saillies s'appellent des *ailettes*.

Les ailettes sont de petits cylindres de métal qu'on enfonce dans des trous circulaires ou *alvéoles* pratiqués sur le projectile. Les trous étant un peu évasés en dedans, il suffit de frapper sur l'ailette pour qu'elle se rive dans son logement.

Les ailettes sont généralement réparties sur deux ou trois rangées parallèles au culot et qu'on nomme *couronnes*. Elles sont en métal mou pour ne pas dégrader les rayures : en zinc, par exemple, pour les pièces de bronze. — Dans les pièces en acier, on peut employer des ailettes en fonte, c'est-à-dire en même métal que le projectile. Dans ce cas, l'ailette, au lieu d'être rapportée, est fondue avec l'obus.

61. — D. Les ailettes servent-elles seulement à communiquer le mouvement de rotation au projectile ?

R. Elles servent encore à l'assujettir dans l'âme de la pièce, à l'empêcher de ballotter : si on avait une seule rangée d'ailettes, le mouvement de rotation serait bien communiqué, mais le projectile ne serait pas poussé droit ; il viendrait frapper les parois de l'âme tantôt d'un côté, tantôt de l'autre, ce qui les dégraderait et amènerait des battements (V. 33). De plus, au lieu de sortir de la bouche de la pièce suivant la ligne de tir (V. 498), il sortirait obliquement soit dans un sens, soit dans l'autre, et le tir serait incertain.

Généralement la couronne voisine de la pointe (qu'on appelle la couronne *avant*) a spécialement pour but de diminuer le ballottement sans toutefois le supprimer complétement, car on est obligé de laisser un *vent*, c'est-à-dire un petit jeu, entre les ailettes et le fond des rayures pour permettre l'introduction du projectile dans l'âme. Cette introduction doit d'ailleurs être faite avec précaution pour que les ailettes ne soient ni arrachées ni dégradées, les bavures pouvant empêcher de pousser le projectile à fond.

D'ordinaire, la couronne voisine du culot (qu'on appelle la couronne *arrière*) a spécialement pour but de guider le projectile et de lui transmettre le mouvement de rotation des rayures qui guident le projectile.

62. — D. Qu'appelle-t-on *tenon* ?

R. C'est le nom que, dans l'artillerie de marine, on donne aux ailettes.

On appelle quelquefois *plaques isolantes*, dans l'artillerie de marine, les tenons de la couronne avant.

Ces plaques isolantes, plus grandes que les tenons de la couronne arrière, sont chargées dans ce cas d'empêcher le ballottement du projectile et non de lui communiquer le mouvement de rotation ; ils s'engagent sous les cloisons et non dans les rayures.

63. — D. Comment le mouvement de rotation (V. 19) est-il communiqué aux projectiles dans les canons se chargeant par la culasse ?

R. Le projectile qui est un peu moins gros que le diamètre de la pièce (mesuré entre les cloisons), est entouré sur une certaine longueur d'un manchon de métal plus mou que la pièce. Le diamètre de ce manchon de métal est plus grand que le diamètre de la pièce (mesuré entre les cloisons).

Aussi, quand le projectile est lancé en avant, les cloisons découpent ce métal mou de façon à former un sillon dans lequel elles pénètrent et un bourrelet qui s'engage dans la rayure. De cette manière, le mouvement en tire-bouchon des cloisons et des rayures est communiqué au projectile tant qu'il est dans l'âme, et ce mouvement continue quand il en est sorti.

Quand le manchon de métal ne couvre qu'une faible partie de la longueur du projectile, on l'appelle *ceinture, cordon, bague* ou *couronne*.

64. — D. En quel métal sont les ceintures ?

R. Généralement en plomb dans les pièces en bronze.

Dans les pièces en acier, qui sont moins exposées à se dégrader, on les fait en métal plus dur : en cuivre, par exemple.

65. — D. Combien y a-t-il de ceintures à chaque projectile ?

R. En général deux, quelquefois trois. Les deux ceintures sont inutiles pour donner le mouvement de rotation. Une seule suffirait ; l'autre a pour but d'empêcher le projectile de ballotter dans l'intérieur de l'âme, comme on l'a expliqué pour les ailettes. La ceinture voisine de la naissance de l'ogive s'appelle *ceinture avant*. Celle qui est plus près du culot s'appelle *ceinture arrière*. Quelquefois le projectile n'a qu'une ceinture arrière qui reçoit le mouvement de rotation. Pour empêcher le ballottement, dans ce cas, on place une couronne d'ailettes, ou bien ce qui a lieu pour les obus du nouveau matériel, le projectile présente à la naissance de l'ogive un renflement, quelque chose comme un très-léger bourrelet à peine sensible, qui, au lieu de s'appuyer sur le fond des rayures, repose sur les cloisons.

La couronne antérieure s'appelle couronne d'*appui*, et l'autre, couronne de *forcement*.

66. — D. Quelles précautions doit-on prendre dans la manipulation des projectiles emplombés ?

R. On doit éviter d'entamer le plomb ou de le refouler, ce qui gêne lorsqu'on veut mettre le projectile en place. Si le plomb était fortement entaillé ou arraché sur une certaine longueur, le forcement (V. 33) pourrait n'être plus complet : il se formerait une fuite et une partie des gaz de la poudre se perdrait en s'échappant par là : le tir perdrait alors sa justesse.

C'est pour éviter ces accidents que les obus sont maintenus si exactement en place dans les coffres de munitions (V. 144).

Quand les cordons de plomb du projectile ont été déformés par le choc, on régularise la partie déformée en la battant bien doucement avec le marteau ou même avec une pierre.

67. — D. Quelles précautions doit-on prendre dans la manipulation des projectiles munis de ceinture de cuivre ?

R. On doit éviter de frapper sur la ceinture, ce qui pourrait la dégrader ou même l'ébranler.

Dans le premier cas, les inconvénients sont les mêmes que pour les couronnes en plomb. Dans le second cas, on peut amener des arrachements de la ceinture, parce que l'ébranlement la faisant jouer dans son logement peut occasionner la rupture du cuivre dans l'air. Ceci peut avoir deux effets : d'abord le morceau de métal se détachant peut venir atteindre des troupes amies s'il s'en trouve devant la pièce ; ensuite, le brusque changement de forme et de poids du projectile dont une partie vient à disparaître entraîne généralement de grandes irrégularités, ou, comme on dit, de grandes *anomalies* pendant le tir.

On dit qu'un coup est *anormal* lorsque la pièce lance son projectile à une distance bien différente de celle qui correspond à l'angle sous lequel elle est pointée (V. 232).

Conservation et transport des projectiles.

68. — D. Comment conserve-t-on les projectiles ?

R. On les enduit de deux couches de peinture à la plombagine. Avant d'appliquer cette peinture, on doit nettoyer avec soin la surface du projectile de manière à n'y laisser ni vieille peinture, ni rouille, ni sable, enfin rien qui augmente son volume et puisse empêcher son introduction dans la pièce.

69. — D. Quelle précaution prend-on dans le transport des projectiles ?

R. On les *empaille*, c'est-à-dire qu'on les coiffe avec une enveloppe faite au moyen de nattes de paille. On peut encore placer le projectile debout ; son culot reposant sur deux nattes posées à angle droit. On relève ensuite les deux nattes tout le long du projectile, et l'on réunit les quatre liens par des ligatures de ficelle faisant le tour du projectile, l'une à la naissance de l'ogive, l'autre entre les deux couronnes d'ailettes. (C'est aux projectiles munis d'ailettes que ce procédé s'applique).

Quand les projectiles oblongs ont un poids supérieur à 24 kilos, comme les enveloppes de paille qu'on leur adapte résistent mal, on entoure le projectile de deux cordages placés contre chaque couronne d'ailettes (ou de plaques isolantes). Le cordage employé doit avoir de 20 à 25^{mm} de diamètre ; il est roulé en trois torons dans lesquels on fait rentrer les extrémités libres des brins (V. 123).

70. — D. Comment sont réunis les projectiles vides qu'on conserve dans les magasins de l'artillerie ?

R. Généralement, ils sont couchés les uns sur les autres, formant ce qu'on appelle des *piles horizontales*. Dans le cas où l'on est amené à faire et à défaire fréquemment les approvisionnements de projectiles oblongs, on peut les disposer en *piles verticales*. Ce procédé consiste à former des assises d'obus debout sur leurs culots et interposer entre ces assises des planches de 2 à 3 centimètres d'épaisseur.

71. — D. Comment sont faites les piles horizontales de projectiles oblongs ?

R. Les projectiles vides sont accouplés deux par deux et réunis lumière contre lumière par une cheville de bois blanc préalablement plongée, pendant quelques minutes, dans de l'huile bouillante.

Ceci fait, on pose sur le sol convenablement damé et nivelé qui doit supporter la pile, deux *tringles* rectilignes en fer carré de 10 millimètres, parallèles et avec un écartement tel que les deux projectiles accouplés puissent reposer en même temps sur les deux tringles par des points situés entre les deux couronnes. On établit ainsi une assise formée de couples d'obus placés horizontalement et jointifs. Les obus extrêmes sont retenus par les tringles qui sont recourbées à équerre, l'extrémité en l'air, de manière à les embrasser.

Au-dessus du premier lit, on place deux tringles correspondant à celles qui reposent à terre, et on recommence à former sur elles une seconde assise de projectiles placés juste au-dessus des premiers.

L'interposition des tringles empêche tout contact et, par conséquent, toute dégradation des ailettes ou des ceintures.

Les tringles pour obus de 24 doivent avoir de 12 à 13^{mm} d'épaisseur.

Les obus chargés qu'on ne peut accoupler au moyen d'une cheville sont empilés d'après les mêmes principes ; mais il faut quatre tringles par couche, au lieu de deux.

72. — D. Comment sont empilés les projectiles sphériques ?

R. On les place, l'œil en dessous, en donnant à la première assise qu'on appelle la *base* une forme bien définie, soit celle d'un triangle équilatéral, soit celle d'un carré, soit celle d'un rectangle. On veille à ce que tous ces projectiles soient jointifs et présentent une surface bien horizontale. On fait alors la seconde assise en plaçant les boulets, bombes ou obus dans les creux que forment trois à trois ou quatre à quatre les boulets, bombes ou obus de la première couche.

La pile est dite triangulaire, carrée ou rectangulaire d'après la forme de sa base.

On fait les piles de boulets aussi longues que possible pour faciliter la circulation de l'air.

CHAPITRE III.

Poudres, munitions, artifices.

Composition et propriétés de la poudre.

73. — D. Qu'est-ce que la poudre?

R. C'est un mélange de soufre, de charbon et de salpêtre qui, en s'enflammant, donne une quantité de gaz considérable.

74. — D. Comment agit la poudre?

R. Quand on enflamme de la poudre placée dans la chambre d'une bouche à feu, les gaz produits cherchent à s'échapper dans tous les sens, savoir :

   1° Par la culasse, ce qui peut arracher cette partie du canon et produire ce qu'on appelle le *déculassement*, ce qui peut aussi amener l'encrassement du joint de la culasse mobile et de son logement. — Enfin, c'est ce qui produit le *recul* (V. 125);

   2° Par les parois de la chambre, ce qui peut amener l'éclatement de la pièce au tonnerre, ou au moins ce qui peut y déterminer des fissures : c'est pourquoi on renforce cette partie de la pièce ;

   3° Dans la direction de la bouche de la pièce, ce qui produit le mouvement du projectile en avant.

75. — D. Dans quelle proportion le salpêtre, le soufre et le charbon entrent-ils dans la composition de la poudre ?

R. La composition de la poudre ou, comme on dit, son *dosage* était autrefois :

de 6 kilos de salpêtre ⎫
de 1 — de soufre ⎬ dans 8 kilos de poudre.
de 1 — de charbon ⎭

C'est ce qu'on appelait le dosage *six, as et as*.

Actuellement les poudres n'ont plus toutes le même dosage : on a remarqué, en effet, qu'à chaque espèce de bouche à feu, ou à peu près, il fallait une poudre différente de dosage ou de forme pour avoir un bon tir.

Mais la composition des poudres actuelles s'écarte peu de l'ancien dosage qui vient d'être indiqué.

76. — D. Sous quelle forme emploie-t-on la poudre ?

R. Sous forme de *grains* d'apparence et de dimensions variables ou sous forme de rondelles. (V. 78).

Les grains sont, en général, d'autant plus gros que le calibre est plus fort.

Les poudres pour le fusil s'appellent poudres F.

Les poudres pour canons de campagne s'appellent poudres C.

Les poudres pour canons de siége et place s'appellent poudres SP.

Le mousqueton emploie les mêmes cartouches et, par conséquent, la même poudre que les fusils.

77. — D. Pourquoi met-on la poudre sous forme de grains ?

R. La poudre s'enflamme difficilement et brûle d'une façon irrégulière, quand elle est en poussière ou, comme on dit, en *poussier* ou en *pulvérin* ; de plus, sous cette forme, elle est facilement gâtée par l'humidité de l'air ; enfin elle ne résiste pas à l'action du vent, et elle est difficile à employer.

Le poussier diffère du pulvérin en ce que ce dernier produit provient de grains de poudre écrasés.

78. — D. Qu'appelle-t-on *rondelles* ?
R. Ce sont des espèces de couronnes de poudre faites en pressant fortement (au moyen de presses hydrauliques) des grains de poudre légèrement mouillés dans des moules de forme convenable. Les grains finissent par se souder les uns aux autres, de façon que la couronne qu'on obtient ainsi paraît faite d'un seul morceau.

Les poudres faites par ce moyen sont appelées *poudres comprimées* : ainsi on fait une poudre comprimée en pressant fortement (au moyen de presses hydrauliques) un mélange de soufre, de salpêtre et de charbon en poussière dans lequel on a mis un peu d'eau de façon à le rendre pâteux.

Transport et conservation.

79. — D. Comment est transportée la poudre ?
R. En barils ou dans des caisses contenant de 50 à 60 kilos, formées d'une solide enveloppe de bois, complétement doublée de zinc à l'extérieur, et enchâssée dans une seconde enveloppe en bois soigneusement assemblée. La caisse porte une ouverture circulaire par laquelle on peut puiser la poudre avec une main en cuivre. Cette ouverture est fermée par un tampon doublé de zinc.

80. — D. Comment conserve-t-on la poudre ?
R. Les barils ou les caisses sont engerbés dans des

magasins à poudre secs, autant que possible éloignés des habitations. Les magasins à poudre doivent être entourés, à une certaine distance, d'un mur de clôture, surveillés nuit et jour par une sentinelle dont la consigne est de n'en laisser approcher personne, sauf pour le service. Des paratonnerres, en nombre suffisant, sont disposés autour du bâtiment pour prévenir les incendies et explosions que la foudre pourrait produire.

L'engerbement des caisses se fait par piles rectangulaires de 2 à 4 mètres de hauteur. Les piles sont formées d'assises superposées, les caisses placées plein sur joint. On obtient ainsi une grande solidité, les divers éléments de chaque couche étant reliés les uns aux autres et maintenus en outre par ceux des couches voisines.

81. — D. Quelles précautions doit-on prendre dans le transport et la conservation de la poudre?

R. On doit éviter d'en approcher du feu, soit en apportant de la flamme, soit en heurtant l'un contre l'autre deux corps dont le choc produise des étincelles. — Le choc du cuivre ne donne pas d'étincelles : c'est pourquoi on prend la poudre avec une main en cuivre ou en bronze (V. 79).

La poudre doit être mise à l'abri de l'humidité, qui la décompose. Une poudre qui est mate à l'extérieur est en général sur le point de se décomposer; quand il apparaît des taches blanches à sa surface, elle est devenue mauvaise.

Il ne faut pas que les sachets ou gargousses qui contiennent la poudre soient trop souvent et trop fortement secoués, parce que les grains ou les rondelles se briseraient.

On reconnaît que les grains de poudre d'un sachet sont brisés à la couleur noire que prend ce sachet. On dit, dans ce cas, que la poudre *tamise*.

On reconnaît qu'une rondelle de poudre contenue dans une gargousse est brisée au bruit que font les morceaux quand on agite la gargousse.

C'est pour ces motifs que les charges sont soigneusement assujetties dans les coffres à munitions et c'est aussi pourquoi on suit un ordre déterminé en distribuant les charges de façon que, si l'on part avec les coffres en partie vides, les charges qui restent soient aussi peu agitées que possible (V. 114 et 118).

82. — D. Quels sont les devoirs d'une troupe qui accompagne un convoi de poudre?
R. Le chef de l'escorte doit s'assurer, avant de partir, de la solidité du chargement; il doit suivre exactement l'itinéraire fixé, tout en évitant de passer près d'un feu et de faire halte trop près d'endroits habités.
On ne laisse approcher personne qui fume.
On met au moins un homme d'escorte par voiture.
Les allures doivent être réglées avec soin. On évite soigneusement les chocs et les à-coup.
En déchargeant, on établit un lit de paille sur le sol, de manière à amortir les secousses.

83. — D. Qu'est-ce qu'un *sachet?*
R. C'est un sac contenant une charge de poudre.
On emploie les sachets avec les canons se chargeant par la bouche et avec les canons se chargeant par la culasse, qui ont la fermeture de Bange (V. 8).

On appelle aussi *gargousses* les sachets de 80, de 90, etc.

Les sachets sont d'ordinaire en *toile amiantine* ou en *serge* qu'on trempe dans l'acétate de plomb, matière qui empêche les insectes de ronger l'étoffe et, par conséquent, d'y faire des trous par où la poudre pourrait s'échapper.

La toile amiantine n'est autre chose que de la bourre de soie.
On doit introduire le sachet de telle façon que l'ouverture qui présente la ligature ne se trouve pas

en face du débouché de la lumière ; sans cette précaution, la flamme de l'étoupille, rencontrant la serge et non la poudre, pourrait ne pas allumer la charge. Pour la même raison, on perce le sachet au moyen d'une tige en fer appelée *dégorgeoir* qu'on introduit par la lumière (canons se chargeant par la bouche).

84. — D. Qu'est-ce qu'une *gargousse métallique*?

R. C'est un cylindre en fer-blanc appelé *douille*, ayant à peu près le diamètre de la chambre : il contient de la poudre, généralement en rondelles. La gargousse est fermée du côté de la culasse par un *culot*, sorte de godet en laiton dont la partie centrale est disposée de telle sorte que les gaz produits par la poudre pendant le tir viennent boucher le *trou de prise de feu* par lequel l'étoupille a communiqué sa flamme à la charge.

Il en résulte que les gaz ne passent pas par la lumière, ce qui peut la dégrader (V. 12).

Une rondelle en *carton-pâte*, placée à la partie inférieure de la gargousse, presse le culot contre la douille et les maintient réunis.

Au-dessus de la poudre est placée une rondelle de graisse destinée à graisser les parois de l'âme et à diminuer l'emplombage.

Dans la gargousse de 138^{mm}, il y a 24 rondelles de poudre disposées sur trois colonnes de huit qui se touchent.

85. — D. Qu'est-ce qu'une *gargousse en papier*?

R. C'est un sac cylindrique en papier, contenant la charge de poudre de la plupart des bouches à feu de siège et de place.

On introduit dans les canons la gargousse avec la

poudre qu'elle contient. Dans les mortiers qui tirent sous de grands angles on verse simplement la poudre que contient la gargousse. On met le papier sur la poudre quand le mortier est de fort calibre.

Dans les pièces de côtes, les gargousses, au lieu d'être en papier, sont en *parchemin*.

86. — D. Comment est faite la *cartouche* du canon à balles?

R. C'est une *douille*, tube de cuivre en forme de cylindre, engagée dans un *culot* en laiton.

Au milieu du culot est placée une capsule contenant l'amorce et qu'on nomme *embouti*. La cartouche renferme six petites rondelles de poudre superposées. Au-dessus de la dernière est une couche de graisse (V. 84).

Enfin, au-dessus de cette couche de graisse se trouve la balle, de forme cylindro-conique-ogivale, enfoncée avec force dans l'ouverture de la cartouche.

On forme la douille avec une lame mince de clinquant de forme rectangulaire, cintrée sur un mandrin, sans que les deux bords se rejoignent. Un *couvre-joint* posé sur les deux bords produit l'obturation au moment où le coup part.

Étoupilles.

87. — D. Qu'appelle-t-on *étoupille fulminante?*

R. C'est un petit tube contenant une préparation destinée à enflammer la charge des bouches à feu.

Ce tube, qui est en laiton dans l'artillerie de terre, et en plume dans l'artillerie de mer, contient une petite quantité de matière fulminante, c'est-à-dire d'une matière qui prend très-facilement feu quand on la frotte. Un fil de laiton, terminé extérieurement par une boucle et intérieurement par une partie rugueuse, est placé au milieu de l'étoupille.

Quand on tire sur la boucle, l'extrémité rugueuse du fil de laiton vient frotter la composition fulminante qui s'enflamme. La flamme se communique à la poudre qui remplit tout le bas de l'étoupille, et elle est ainsi transmise à la charge de la bouche à feu.

Fusées.

88. — D. Qu'est-ce qu'une *fusée*?

R. C'est un petit appareil, généralement en bois pour les mortiers et en bronze pour les canons, qui est destiné à enflammer la charge intérieure du projectile. A cet effet, les fusées métalliques sont vissées et les fusées en bois sont fortement enfoncées dans une ouverture ménagée dans le métal et qu'on appelle œil de la fusée (V. 39).

89. — D. En combien de catégories classe-t-on les fusées?

R. En deux principales : les fusées fusantes et les fusées percutantes.

   Il en existe d'une troisième catégorie qu'on appelle *mixtes* : ce sont celles qui sont à la fois ou à volonté fusantes et percutantes.

90. — D. Qu'est-ce qu'une fusée *fusante*?

R. C'est une fusée disposée de telle façon que

le projectile éclate un certain temps après sa sortie de la bouche à feu.

Généralement une fusée fusante se compose essentiellement d'un canal rempli d'une composition de longueur déterminée qui, s'enflammant dans l'âme au moment du tir par les gaz de la poudre, brûle avec une certaine lenteur et ne fait éclater le projectile qu'après avoir été complètement brûlée.

> Aussi est-il difficile d'employer des fusées fusantes placées à la pointe du projectile dans les pièces se chargeant par la culasse et à forcement (V. 33).
> On donne souvent aux fusées fusantes le nom de *fusées à temps*, parce qu'elles brûlent pendant un temps déterminé.
> Il est clair que, plus la colonne de composition fusante sera longue, plus la durée de la combustion sera grande.

91. — D. Quelles sont les fusées fusantes en service ?

R. Tous les mortiers lancent des bombes ou obus armés de fusées fusantes. Le seul projectile de canon qui en soit muni est l'obus à balles de 24.

Les fusées fusantes des bombes et obus, qui sont de quatre dimensions différentes, se composent uniformément d'un corps de fusée en bois dans lequel est engagé un tube en laiton plein de composition fusante. La presque totalité de la fusée est enfoncée dans la poudre de la chambre intérieure. Il en résulte qu'en faisant un trou de vrille qui vienne percer le tube en laiton ou en le sciant avec une scie en cuivre (V. 81), le feu se communiquera à la poudre dès que la composition fusante aura brûlé jusqu'à hauteur du trou :

plus il sera près de l'œil de la fusée, moins l'éclatement tardera à se produire.

Des amorces de trou sont préparées tout le long du corps de la fusée : chacune correspond à une longueur différente de composition fusante et, par conséquent, à une durée de combustion différente.

Avant d'introduire le projectile dans l'âme, on met en place la fusée préalablement percée au trou qui correspond à la portée voulue et aussi au dernier trou, à celui qui donne la plus grande durée de combustion. De cette façon si, par hasard, l'éclatement ne se produit pas à la distance voulue, au moins se produira-t-il et l'effet du projectile ne sera pas complètement perdu.

La fusée fusante pour l'obus à balles de 24 s'appelle *fusée à six durées*. C'est essentiellement un tube en laiton traversé dans toute sa longueur par quatre *canaux* contenant de la composition fusante et de la poudre. La poudre brûlant instantanément, la durée de la combustion dépend donc de la hauteur de chaque colonne de composition fusante. En donnant aux quatre colonnes des longueurs différentes, on comprend qu'on ait quatre durées de combustion différentes suivant celui des canaux qu'on débouche.

Les quatre canaux débouchent chacun à la même hauteur sur une face de la tête qui est de forme carrée. Le débouché de chacun d'eux s'appelle *évent de prise de feu*. Il est, en temps ordinaire, bouché par une rondelle en laiton, une rondelle en carton et de la cire. Par dessus est collée une rondelle de papier portant le numéro de l'évent : chaque rondelle a une couleur différente qui permet de reconnaître l'évent. Enfin la tête porte une entaille sur son arête près de la prise de feu n° 1, deux entailles près de la prise de feu n° 2, etc., de sorte que, même la nuit, on peut reconnaître facilement l'évent à déboucher. Le débouchage se fait avec la pointe d'un dégorgeoir (V. 83).

La tête de la fusée, ayant une certaine hauteur, présente deux étages d'évents, provenant de ce que deux des quatre canaux dont il vient d'être parlé se prolongent au delà du premier étage et, après avoir fait un certain circuit dans l'intérieur même de cette tête, viennent déboucher plus haut.

Donc, suivant celui de leurs deux évents qu'on débouche, deux des quatre canaux peuvent avoir deux durées de combustion différentes.

Ainsi la fusée a six durées.

92. — D. Quelles sont les fusées percutantes en service?

R. 1° La fusée Desmarest qui sert principalement à armer les projectiles des canons se chargeant par la bouche (sauf l'obus à balles de 24).

C'est une fusée métallique.

Elle se compose essentiellement d'un *corps* en laiton portant une tête hexagonale et percé en son centre d'un canal qui s'arrête à quelques millimètres de l'extrémité inférieure de la fusée.

Un tampon ou bouchon en bois est enfoncé à frottement dur dans le canal et vient arraser la tête de la fusée. Quand le projectile touche terre, ce bouchon est refoulé jusqu'au fond du canal. Comme il porte une pointe (appelée *rugueux*) et qu'en face de ce rugueux, au fond du canal, on a disposé une amorce fulminante, le choc produit un dégagement de flamme qui se communique à la charge intérieure par un *trou de prise de feu* percé au fond du canal.

Il est clair que si le projectile tombe sur un terrain mou, on a à craindre un raté.

Il est clair aussi que si l'on venait, par hasard, à laisser tomber sur la pointe, un projectile armé d'une fusée Desmarest, il pourrait éclater, si on n'avait le soin de clouer sur le tampon, au moyen de petites pointes, une plaque de fer qui s'appuie sur la tête de fusée, de sorte que, si le projectile tombe par hasard sur la pointe, c'est ce couvercle qui supporte le choc, et la fusée ne fonctionne pas. Avant d'introduire le projectile dans l'âme de la pièce, on retire cette plaque; c'est ce qui s'appelle *décoiffer* la fusée.

2° La fusée Budin pour tous les canons se chargeant par la culasse.
C'est une fusée métallique.

La fusée Budin est due aux travaux du garde *Saussier* et du capitaine *Budin*.
La fusée Henriet, imaginée par le garde d'artillerie *Henriet*, a été employée pendant quelque temps. Elle fonctionne d'après les mêmes principes que la fusée Budin.

93. — D. Comment sont faites les fusées Budin?
R. D'une façon générale, la fusée Budin se compose d'un corps de fusée en laiton, portant une tête de forme tronconique et percée d'un canal ouvert du côté de la tête. L'ouverture est fermée par un bouchon en laiton, vissé dans le canal. Ce bouchon porte une pointe appelée *rugueux* ou *percuteur*. Dans l'intérieur du canal, est une pièce mobile qui porte l'amorce. On tient le porte-amorce à distance du bouchon, en plaçant un *ressort* sur lui et, au-dessus, une *masselotte* qui, d'un côté, touche au bouchon, et, de l'autre, s'appuie sur l'épaulement formé par le ressort. La masselotte est disposée de façon à venir emboîter la pièce mobile quand le ressort est enlevé ou qu'il cesse d'agir; c'est un cylindre de métal d'un poids relativement fort.

94. — D. Comment fonctionne la fusée Budin?
R. Quand le coup part, le projectile est lancé fortement en avant, mais la masselotte est rejetée fortement en arrière par cette force qui jette contre le fond d'une voiture qui se met brusquement en marche les personnes qui sont dedans. La secousse est si énergique

que le ressort s'aplatit, et la masselotte vient toucher le fond du canal de la fusée; on dit alors que la fusée est *armée;* le porte-amorce, le ressort et la masselotte deviennent solidaires à partir de ce moment et occupent le fond du canal de la fusée pendant tout le temps que le projectile est en l'air, même pendant qu'il descend avec la pointe plus basse que le culot.

Mais, en touchant terre, le projectile est brusquement arrêté, tandis que la masselotte, entraînant la pièce mobile par l'interposition du ressort, se précipite vers le bouchon par l'effet de la force qui jette sur le devant d'une voiture lancée à grand train les personnes qui sont dedans quand on arrête court.

Le percuteur et l'amorce se heurtent donc et la flamme se produit. Dans la fusée Budin, elle se communique à la charge de l'obus par un trou de prise de feu percé au fond du canal.

On pourrait craindre des éclatements accidentels si le projectile venait à tomber par hasard. Il n'en est rien : si l'obus tombe sur sa pointe, la masselotte continue de tenir la pièce mobile éloignée du bouchon. Il est vrai qu'en le laissant tomber sur le culot, on pourrait avoir armé la fusée. Mais la force du ressort est précisément calculée de façon qu'il puisse céder à la secousse énorme qui se produit au moment du tir, mais qu'il résiste aux secousses bien plus faibles que peut produire une simple chute.

Ainsi, dans le tir à faibles charges du canon de 138, la fusée Budin ne s'arme pas, et on emploie à sa place, dans ce cas, la fusée Desmarest.

Principaux artifices.

95. — D. Qu'est-ce que la *mèche à canon?*

R. La mèche à canon, ou *mèche à feu,* est une corde de chanvre ou de lin convenablement préparée pour conserver le feu, tout en brûlant fort lentement (de 13 à 16 centimètres par heure).

On obtient ce résultat en trempant la corde, soit dans un bain d'eau bouillante contenant de l'acétate de plomb, soit dans une lessive faite avec de la chaux vive et des cendres.

La mèche, au sortir du bain, est couverte de filaments. On les fait disparaître par l'opération du lissage, qui procure une combustion régulière tout en donnant à la mèche un plus bel aspect.

96. — D. Qu'est-ce que la mèche à étoupilles ?

R. C'est un artifice qui sert à communiquer le feu. Il se compose essentiellement de plusieurs brins de coton imbibés d'eau-de-vie et trempés dans une pâte, faite en délayant du pulvérin (V. 77) dans de l'eau-de-vie gommée.

La bonne mèche doit être ferme, bien imprégnée de composition. Elle brûle à l'air libre avec une vitesse de 60 à 70 millimètres par seconde. — Si on emploie du vinaigre, au lieu d'eau-de-vie, la vitesse de combustion à l'air libre n'est plus guère que de 50 millimètres par seconde.

Renfermée dans des tubes, fût-ce dans de simples tubes en papier ordinaire, ce qui existe dans les *tubes garnis* ou *tubes de communication*, la mèche à étoupilles brûle beaucoup plus vite qu'à l'air libre.

97. — D. Quels sont les flambeaux qui entrent dans les approvisionnements des batteries de campagne ?

R. Ce sont les flambeaux Lamarre, ainsi appelés parce que le garde d'artillerie *Lamarre* a inventé une composition éclairante qui entre dans leur confection ainsi que dans celle des balles à feu (V. 59).

98. — D. Comment sont faits les flambeaux ?

R. Ce sont des tubes en tissu, de 48 ou de 40 millim. de diamètre, remplis de composition Lamarre et entourés de papier. Un brin de mèche, sortant par l'une des extrémités que ferme une forte ligature, permet de mettre le feu au flambeau.

99. — D. A quoi servent les flambeaux ?

R. Ils permettent d'éclairer la nuit, notamment dans

les passages difficiles. En outre, ils peuvent servir à communiquer télégraphiquement ; en faisant paraître et disparaître la flamme derrière un écran, on peut imiter le langage de Morse en faisant varier la durée et l'intervalle des apparitions.

Par un temps clair, on a pu communiquer jusqu'à 20 kilomètres avec les flambeaux de 18 millim. de diamètre.

Ces flambeaux brûlent avec une vitesse d'environ 3 millim. par minute ; les flambeaux de 40 millim. de diamètre, avec une vitesse d'environ 4 millim. par minute.

100. — D. Où se fabriquent les différents artifices ?

R. A l'*Ecole de pyrotechnie*, qui est à Bourges. On y envoie des brigadiers ou des canonniers suivant le peloton d'instruction et aptes à devenir *sous-chefs artificiers*. Ils y restent six mois. Ceux qui suivent le mieux les cours sont gardés une année entière. Ils sont alors aptes à être nommés *chefs-artificiers*.

Dynamite.

101. — D. Qu'est-ce que la *dynamite* ?

R. C'est le mélange d'une huile très-inflammable et très-dangereuse, appelée **nitro-glycérine**, avec du sable poreux, du tripoli, de la cendre, etc. Celle qu'on emploie dans l'armée se présente sous la forme d'une pâte grisâtre.

Quand la dynamite est bien faite, c'est-à-dire quand le sable a bu la nitro-glycérine, qu'il en est bien imprégné, de telle sorte qu'elle ne suinte pas, la dynamite n'offre aucun danger. Quand on l'enflamme à l'air libre avec un corps en combustion, avec une allumette, par exemple, elle brûle très-lentement ou, comme on dit, elle *fuse*.

Quand elle est enfermée, ne fût-ce que dans une cartouche de papier, elle brûle plus vite ; d'ailleurs, c'est un fait général : plus une matière explosive est serrée dans une enveloppe, plus cette enveloppe est épaisse et résistante, et plus l'explosion est violente (V. 96).

Pour la faire détoner, il faut l'action d'un choc violent ou l'explosion d'un corps fulminant.

Aussi emploie-t-on généralement, pour l'enflammer, une amorce de fulminate.

102. — D. En quoi consiste l'*amorce fulminante* ?

R. C'est une forte *capsule* en cuivre, très-épaisse, contenant près de deux grammes de fulminate, de mercure pur. Au-dessus du fulminate, du côté de l'orifice de la cartouche, est un petit chapeau en laiton, percé en son centre ; il maintient le fulminate et augmente, en outre, la violence de la détonation.

103. — D. Qu'est-ce que le *cordeau Bickford* ?

R. C'est la mèche qui sert à communiquer le feu aux capsules fulminantes ; il consiste en un tube mince, en tresse goudronnée, contenant, à l'intérieur, de la poudre en grains. On peut l'employer sous l'eau, car l'enveloppe est imperméable et, de plus, elle ne brûle pas d'une façon appréciable dans le temps que la colonne de poudre, contenue à l'intérieur, met à achever sa combustion.

La durée de cette combustion est de 1 centimètre environ par seconde. Donc, avec la longueur de $1^m,50$, habituellement employée, l'explosion doit se produire au bout de deux minutes et demie.

104. — D. Comment *amorce*-t-on une capsule fulminante ?

R. On coupe carrément le cordeau Bickford ; on introduit le bout coupé, aussi profondément que possible, dans la capsule qu'on ferme, en serrant fortement les bords de l'entrée avec une pince ou même avec les dents. En ce cas, il faut éviter de mouiller la capsule.

105. — D. Qu'est-ce qu'une *cartouche* de dynamite ?

R. C'est un tube en fer-blanc de 3 centimètres de diamètre et de 13 centimètres de longueur. Ce tube est fermé aux deux bouts par deux fonds également en fer-blanc. L'un de ces fonds est percé, en son centre, d'un trou un peu plus large que l'amorce et sur les bords duquel est soudé, faisant saillie à l'intérieur, un petit tube ayant juste les dimensions extérieures de la capsule fulminante, de façon à pouvoir l'emboîter.

Dans les transports, cet orifice est fermé par un ruban.

Le tout est enveloppé de papier.

Cette cartouche contient 100 grammes de dynamite. On lui donne parfois le nom de *pétard*.

En dehors de la cartouche métallique, on emploie quelquefois, dans les polygones, des cartouches en papier étamé ou en parchemin.

406. — D. Comment amorce-t-on une cartouche de dynamite ?

R. On découvre l'entrée du tube, soudé au fond de la cartouche, en arrachant le ruban qui le couvre, et on y introduit la capsule, préalablement amorcée, le plus avant possible.

Avec les cartouches en papier, on fait dans la dynamite un trou dans lequel on enfonce la capsule, en laissant déborder le collet obtenu lorsqu'on a pincé le cordeau Bickford (V. 404) : on rabat alors le papier de l'enveloppe contre ce collet, et on l'y maintient par une ligature.

407. — D. Comment enflamme-t-on le cordeau Bickford ?

R. On fait une incision, avec un couteau, à l'extrémité libre du cordeau, de manière à l'ouvrir en forme de V. Dans cette fente, où la poudre se trouve mise à nu sur une certaine longueur, on introduit un morceau d'amadou.

On allume ensuite un second morceau d'amadou, qui sert à mettre le feu au premier.

408. — D. Comment agit la dynamite ?

R. Elle agit par simple contact, tandis que la poudre agit par bourrage. Ainsi, on peut enflammer une quantité considérable de poudre sur une plaque de métal, sans que cette plaque soit brisée, tandis qu'une simple cartouche de dynamite, convenablement amorcée, la brisera.

C'est un grand avantage en campagne, parce que, pour employer la dynamite, on n'est pas obligé, comme pour la poudre, de creuser un trou de mine, opération souvent difficile et presque toujours longue.

Il suffit que la cartouche s'applique, d'aussi près et aussi fortement que possible, sur l'objet à détruire. Ainsi, pour détruire un rail de chemin de fer, il suffit d'employer une cartouche de dynamite, placée dans son évidement longitudinal.

Pourtant un bourrage, même très-incomplet, augmente la force de rupture de la dynamite. Ainsi, rien qu'en jetant dessus une ou deux pelletées de terre ou de sable, ou en posant sur la charge, une claie, une fascine, des pierres, ou même un bout de planche, on obtient des effets plus considérables qu'à l'air libre (V. 96 et 404).

Dans l'eau même, la force de la rupture de la dynamite est augmentée.

Quand on emploie la dynamite sous l'eau, il faut éviter que l'amorce fulminante se mouille, et il faut trouver moyen de lui communiquer le feu. On a vu qu'en général le cordeau Bickford brûle dans l'eau.

409. — D. A quoi sert la dynamite, en campagne ?
R. A détruire les bois, les palissades, les charpentes ; par exemple, les ponts en bois.

On l'emploie aussi à abattre des arbres pour faire des abatis.

On met hors de service un chemin de fer qu'on est obligé d'abandonner, par exemple, en détruisant les rails. On choisit, de préférence, pour y détruire la voie, les courbes, les grands remblais ou les déblais, les bifurcations, les traversées, les plaques tournantes (V. 322).

On emploie aussi la dynamite à abattre un mur.

Enfin on s'en sert pour mettre hors de service les pièces prises à l'ennemi ou celles qu'on se trouve dans la nécessité de lui abandonner.

Une livre de dynamite, introduite dans l'âme, ou un kilo de dynamite, posée sur la volée, suffit pour déformer un canon de campagne en bronze ou pour casser une pièce d'acier.

Il faut, dans ce cas, employer de 5 à 10 cartouches, mais si elles se touchent bien, si elles sont fortement serrées les unes contre les autres, il suffit d'en amorcer une seule, qu'on appelle alors la *cartouche-amorce*.

110. — D. A quoi emploie-t-on la dynamite dans les polygones ?

R. On l'emploie principalement à démolir, sur place, à l'endroit même où ils sont tombés, les projectiles chargés en guerre qui n'ont pas éclaté dans les exercices de tir. Leur enlèvement, leur transport et leur déchargement peuvent, en effet, être dangereux et occasionner de graves accidents.

Aussi est-il réglementaire de détruire les obus en appliquant une cartouche de dynamite sur leur surface (et non sur le culot, qui est plus épais). Avec les obus de 24 et de 138, il faut deux cartouches. On couvre la charge de terre pour faire un bourrage qui augmente l'action brisante de la dynamite.

Si le projectile reposait sur un sol mou et peu résistant, il conviendrait de le caler avec précaution, au moyen de morceaux de bois ou de pierres.

111. — D. Quelles précautions doit-on prendre dans l'emploi et le transport de la dynamite ?

R. Il faut éviter toute cause d'inflammation et d'explosion, c'est-à-dire tenir la dynamite loin de tout objet enflammé, de tout mélange détonant.

On recommande de la manier avec gants épais, parce que son simple contact avec les doigts, particulièrement sous les ongles, et surtout si la peau est écorchée, occasionne de très-violents maux de tête, contre lesquels le meilleur remède consiste à prendre du café noir très-fort et à dormir, si on le peut.

La dynamite gèle très-facilement : à 8° au-dessus de zéro, elle devient dure et difficile à enflammer ; il convient de la réchauffer doucement, par exemple, en tenant la cartouche dans les mains quand on veut s'en servir. Quand on emploie une charge composée de plusieurs cartouches, il suffit de dégeler la cartouche-amorce (V. 409).

Quand la nitro-glycérine suinte dans les cartouches, ce qu'on reconnaît à des taches semblables à des taches d'huile qui se forment sur le papier, il est extrêmement dangereux de manier ces cartouches. On doit en rendre compte immédiatement et provoquer la destruction de ces cartouches avariées.

S'il apparaît, en outre, de légères vapeurs rousses, le danger d'explosion est encore plus grave.

442. — D. Quelles précautions prend-on pour la conservation de la dynamite?

R. Les magasins qui la contiennent doivent être isolés, entourés d'un fossé, d'un remblai de terre et, autant que possible, d'un rideau d'arbres.

La chaleur décomposant la dynamite, on doit l'éviter en aérant convenablement le magasin ; on doit également le tenir au sec.

Comme les explosions sont plus à craindre quand la dynamite est enfermée, on conserve ouvertes les caisses contenant les cartouches. Le magasin est construit fort grand, relativement à la quantité de dynamite qu'il doit renfermer ; il est construit légèrement, avec des briques, et présente de nombreuses ouvertures ; il est divisé en deux compartiments, afin qu'un accident, après s'être produit dans l'un d'eux, ne se propage pas dans l'autre.

Dans chaque caisse, on laisse du papier de tournesol bleu, papier qui a la propriété de rougir dès que la dynamite commence à se décomposer, c'est-à-dire quand le sable commence à laisser échapper la nitroglycérine.

Il est interdit de manipuler la dynamite à l'intérieur du magasin : pour déplacer une cartouche, on doit préalablement sortir du bâtiment la caisse qui la renferme.

113. — D. Où trouve-t-on la dynamite dont on peut avoir besoin en campagne?

R. Dans des chariots de batterie qui renferment des cartouches avec les accessoires nécessaires à leur emploi (capsules, mèche, amadou, briquets, pinces à amorces, marteaux, clous, ficelles, sacs à terre).

Il y a, dans le parc d'artillerie, deux chariots portant la dynamite. Il y en a un autre pour le groupe des trois batteries à cheval affectées à une division de cavalerie indépendante, le rôle de ces batteries étant généralement de marcher à l'avant-garde, ce qui les amène à trouver, les premières, les obstacles à détruire (V. 246).

Transport des munitions.

114. — D. Comment sont chargés les coffres de campagne en munitions d'artillerie?

R. Ces coffres renferment les projectiles, les charges, les étoupilles et divers accessoires (V. 183).

Les projectiles placés debout sur le culot ou couchés sont fortement maintenus en place, de manière que tout ballottement soit évité et que les cordons, ailettes ou chemises ne risquent pas d'être dégradés (V. 66).

Les projectiles spéciaux (obus à balles, obus à double paroi, boîtes à mitraille) occupent dans le coffre des places déterminées, toujours les mêmes, de façon qu'on puisse les trouver sans aucune hésitation.

Les gargousses ou les sachets entourés de papier sont maintenus en place surtout par le fait de leur pression mutuelle : aussi, quand la case aux charges est en partie vide (V. 118), les charges qui restent ne sont pas toujours suffisamment assujetties notamment vers le centre. C'est pourquoi on suit un ordre méthodique dans la distribution des munitions.

On assure la pression des charges au moyen d'étoupes placées dans les joints ou sous le couvercle.

La pression est adoucie par l'interposition de rondelles en feutre ou en buffle et de lanières de cuir entre les projectiles ou les charges et les pièces en bois sur lesquelles ces projectiles ou ces charges prennent appui.

Les étoupilles sont dans une poche fixée au couvercle (canon de 95), dans une boîte (80 et 90).

> On étudie en ce moment un compartimentage à tiroirs des coffres à munitions. Pour prendre les charges, au lieu de soulever le couvercle, on tirerait des tiroirs, comme ceux d'une commode.
>
> Les accessoires sont dans des râteliers d'outils (V. 183), dans des tasseaux, dans des passes fixées au couvercle, etc. — Les lanières sont placées de la même façon que les étoupilles. Les instructions sur calicot (V. 232), qui se trouvent dans certains coffres, sont placées sur le chargement ou dans un logement pratiqué sous le couvercle.
>
> On retire les sachets, soit en les saisissant par la partie de l'étoffe qui déborde de la ligature, soit en les soulevant au moyen de sangles, nommées *tire-charges*, qui passent sous les charges inférieures et se relèvent à leurs deux extrémités, dont l'une est libre et l'autre fixe.

115. — D. Combien les coffres contiennent-ils de coups ?

R. En général, de 20 à 30, savoir :

24 coups pour le canon de 95.
28 coups pour le canon de 90.
30 coups pour le canon de 80.

116. — D. Dans quelles proportions sont les différentes espèces d'obus dans chaque coffre ?

R. Pour le 95 millim., il y a le même nombre d'obus de chaque espèce.
Pour le 90 il y a provisoirement 7 obus à balles.
Dans chaque coffre d'avant-train de pièce de 80 et de 90, deux obus sont remplacés par deux boîtes à mitraille.

117. — D. Comment sont approvisionnés les canons de montagne ?

R. Au moyen de deux *caisses* par pièce. Ces caisses sont portées sur le bât de mulet, l'une à gauche, l'autre à droite.

118. — D. Quel ordre doit-on suivre dans la distribution des munitions ?

R. On doit s'attacher à laisser les derniers en place les sachets les mieux assujettis, c'est-à-dire ceux qui prennent appui sur la paroi. Toutefois on doit épuiser la couche supérieure avant d'entamer la couche inférieure.

A mesure que les munitions (gargousses ou obus) de la couche supérieure sont consommées, on les remplace par des munitions de la couche inférieure, de sorte qu'en se mettant en marche avec un coffre entamé, on ait la couche supérieure aussi complète que possible. Cette précaution est nécessaire pour éviter tout ballottement des couvre-charges et des couvre-obus vides (ou des porte-projectiles) qui pourraient dans leurs mouvements dégrader les munitions restantes de la couche inférieure.

De plus, on a mieux les projectiles et les charges sous la main quand le tir recommence.

On ne doit distribuer les projectiles spéciaux (boîtes à balles, obus à balles, etc.) que sur un ordre du commandant de la batterie (V. 314).

119. — D. Comment sont chargés les coffres de canons à balles?

R. Les cartouches sont renfermées dans des boîtes, à raison de 25 par boîte. Elles sont placées de manière qu'en établissant la boîte au-dessus de la culasse mobile, on fasse tomber à la fois les 25 cartouches dans leurs logements, rien qu'en retirant le couvercle.

Chaque coffre contient 81 boîtes, indépendamment d'outils et d'objets divers.

120. — D. Que contiennent les coffres de campagne en munitions d'infanterie?

R. Des trousses de cartouches et les bissacs (V. 122) nécessaires à leur transport.

121. — D. Qu'est-ce qu'une *trousse*?

R. C'est la réunion de 28 paquets placés sur 4 rangées de façon à former un rectangle qu'on entoure avec une sangle destinée à maintenir les paquets reliés. Un morceau de ficelle passant dans des œillets fixés aux deux bouts de la sangle réunit ces bouts par le moyen d'un nœud qui est terminé par une boucle formant poignée.

Dans le chargement, on place les trousses de champ, les poignées en dessus.

122. — D. Qu'est-ce qu'un *bissac*?

R. C'est un rectangle en toile, plié en deux

dans le sens de la longueur et cousu à ses deux extrémités ainsi que sur le côté opposé au pli, sauf en son milieu, sur une longueur assez grande pour qu'on puisse introduire, dans les deux poches ainsi formées, les trousses de cartouches.
— C'est ainsi qu'on les transporte pour ravitailler les troupes engagées.

> Un homme porte deux bissacs : un sur chaque épaule, l'ouverture sur l'épaule, l'une des poches en avant, l'autre en arrière.
> Dans les coffres, les coutures des bissacs sont placées tête-bêche, de façon que l'un des bouts ne soit pas plus élevé que l'autre.

123. — D. Qu'appelle-t-on *caisses blanches de double approvisionnement?*

R. Ce sont des caisses en bois blanc destinées au transport des projectiles et des charges. Elles servent à réapprovisionner les coffres à munitions d'artillerie des pièces de campagne et à approvisionner directement les canons de siége, puisque ces bouches à feu n'ont pas de coffres.

> Leur avantage est d'être plus simples pour le transport et plus légères que les coffres à munitions. En effet, elles n'ont pas besoin d'être garanties par des ferrures, ni d'être disposées pour le transport d'accessoires. On les décharges à loisir et, par suite, leur compartimentage n'est pas fait pour donner une grande rapidité dans la distribution des munitions.

124. — D. Qu'appelle-t-on *caisses blanches pour munitions d'infanterie?*

R. Ce sont des caisses en bois blanc, relativement légères, destinées à porter par trousses ou même par paquets les cartouches destinées au réapprovisionnement des coffres à munitions d'infanterie.

Il n'y a pas de caisses blanches pour le transport des cartouches du revolver.

CHAPITRE IV.

Affûts, voitures et attirails.

Généralités sur les affûts.

125. — D. Qu'est-ce qu'un *affût?*
R. C'est un bâti en bois ou en métal qui supporte la bouche à feu pendant le tir et qui, généralement, sert à son transport.

C'est à l'affût que la pièce transmet sa force de recul (V. 74).

Les affûts portent la pièce au moyen des tourillons dont elle est munie (V. 18) et qui se logent dans des encastrements disposés à cet effet sur une partie essentielle de l'affût qui est le *flasque*.

Les affûts, sauf ceux des mortiers, posent à terre par trois points : une *crosse* et deux *roues*.

Les affûts des mortiers posent à terre par une large plaque appelée *semelle*.

126. — D. Quels sont les caractères particuliers des affûts de campagne ?
R. Ils doivent permettre de passer suffisamment vite par tous les terrains, même peu résistants, de tourner dans le moins de place possible (V. 170).

4.

Il faut de plus que la pièce soit à une hauteur commode pour le chargement et le pointage, ainsi que pour la stabilité (à un mètre environ au-dessus du sol) et que le poids soit bien réparti, de manière qu'on n'ait besoin que de peu d'efforts pour remettre la pièce sur son avant-train.

Il faut enfin que la pièce puisse tirer sous des angles suffisamment grands pour avoir une portée convenable.

> On appelle angles *limites* le plus grand angle au-dessous de l'horizon et le plus grand angle au-dessus de l'horizon avec lesquels puisse tirer la pièce.
> On dit qu'une pièce tire au-dessous (ou au-dessus) de l'horizon quand la volée est plus basse (ou plus haute) que la culasse.
> On dit qu'une pièce *tire sous un grand angle* quand la bouche est beaucoup plus haute que le tonnerre.

Affûts de campagne et de montagne; avant-trains; caissons.

127. — D. En quoi sont les affûts de campagne ?

R. En métal, généralement en *fer*.

Quand le bord du fer est recourbé de façon à former bordure, on l'appelle fer *cornière*.

> Les parties qui ont à supporter des frottements sont en bronze, parce qu'avec ce métal les frottements sont plus doux qu'avec aucun autre.
> Les parties qui ont à résister à des efforts un peu considérables sont en acier (exemples : la semelle de la crosse et la semelle du sabot d'enrayage).

128. — D. Quelles sont les parties principales d'un affût de campagne?

R. Ce sont les flasques (V. 125), longues plaques de métal qui supportent la pièce par l'intermédiaire de sous-bandes où viennent s'encastrer les tourillons; ils se rejoignent pour former la *crosse* (V. 125) qui pose à terre. Les flasques s'appuient sur les roues par l'intermédiaire de l'*essieu* qui est fixé à leur partie inférieure.

Les flasques sont maintenues à leur écartement par le moyen d'entretoises.

129. — D. Qu'est-ce qu'une *entretoise*?

R. On dit qu'une pièce en entretoise deux autres quand elle les relie entre elles. Tantôt ce sont des plaques posées sur la bordure des flasques, tantôt ce sont des pièces placées en X. Les boulons qui traversent les flasques et qui ont, à l'extérieur, leur tête à un bout et leur écrou à l'autre, sont des entretoises qui s'opposent à l'écartement des flasques.

Au contraire, les manchons placés entre les flasques et qui s'appuient par des pattes sur leurs faces internes, manchons qu'on appelle entretoises *à embases*, empêchent le rapprochement des flasques.

130. — D. Qu'est-ce que le *système de pointage*?

R. C'est l'appareil destiné à soulever ou à abaisser la culasse d'une façon continue. Dans le 95, il se compose d'une vis qui, dirigée par un pignon engrenant dans une vis sans fin horizontale, s'élève ou s'abaisse suivant les mouvements d'un volant placé sur l'arbre de la vis sans fin, en dehors du flasque.

L'appareil de pointage des affûts de 80 et de 90 se compose d'un support qui peut tourner autour d'un axe placé près et au-dessous des tourillons et qu'on fait monter ou descendre en tournant la manivelle d'une vis placée entre les flasques perpendiculairement au support. Cette vis tournant sans monter ni descendre fait monter ou descendre un écrou dans lequel elle est engagée et qui est relié, avec un certain jeu, au support de pointage. Celui-ci se trouve donc entraîné dans le mouvement.

La pièce ne repose pas directement sur le support de pointage, mais bien sur l'une des deux têtes d'un *excentrique*. Ces têtes étant de longueur inégale, le tonnerre est plus près du support quand on le met sur la petite tête que quand on le met sur la grande.

Dans les affûts des mitrailleuses, la vis de pointage est *double*, c'est-à-dire composée de deux vis emboîtées l'une dans l'autre, et dont les filets sont dirigés en sens contraire.

Le pointage est plus facile et surtout plus rapide.

Le pointage en direction est donné par le moyen d'un levier mobile en bois, qu'on installe quand la pièce est en batterie.

131. — D. Quelle précaution doit-on prendre pour conserver les appareils de pointage?

R. Dans la *position de route* (V. 274), on descend la vis de pointage à fond et on fait reposer la pièce sur la grande tête de l'excentrique (canons de 80 et 90).

Dans les affûts de 95 millim., quand la vis est à fond, le tonnerre repose sur un support de route, traverse solide placée entre les deux flasques, et, par conséquent, la vis ne court pas risque d'être faussée. De plus, elle est, à ce moment, complètement enfoncée dans une gaîne appelée *boîte*, qui la protège contre la boue et la poussière, au lieu que la vis des affûts de 80 et de 90 étant à nu, est exposée à s'encrasser fréquemment, ce qui exige une surveillance constante (V. 277).

Ce qui peut fausser les vis, ce sont les à-coup provenant à chaque instant des cahots de l'affût quand on est en marche. Pour charger une pièce de 95, dans le tir sous de grands angles, on place le tonnerre sur un *support de chargement*.

132. — D. A quoi servent les avant-trains de campagne?

R. Ils servent d'abord à traîner la pièce : ils servent aussi à transporter des munitions placées dans des coffres (V. 114) et des servants qui s'assoient sur les couvercles des coffres.

133. — D. Comment sont faits les *coffres à munitions*?

R. Ce sont des caisses en tôle ou, au moins, recouvertes de métal pour n'être pas traversées par l'humidité et pour résister aux balles. Elles doivent être assez légères pour qu'il soit aisé d'échanger un coffre vide contre un coffre plein, ce qui est le moyen le plus rapide de remplacer les munitions. Pourtant ces coffres doivent contenir le plus de charges possible, et ils doivent être assez larges pour donner place à trois servants.

Il est même question d'en mettre davantage, en les plaçant dos à dos.

Le transbordement des coffres s'opère au moyen de leviers engagés dans des anneaux fixés sur les côtés des coffres.

Les coffres à munitions d'une même batterie sont identiques, sauf de très-légères modifications, quant à leur forme générale, leur chargement et leurs accessoires. C'est ce qui permet de les échanger les uns avec les autres.

Certains coffres transportent des outils, des caisses aux instruments. Ils peuvent aussi servir à porter les sacs des servants et les paquetages des conducteurs non montés.

Pour ces différents objets, ils sont munis de dispositifs spéciaux (poignées, dossiers, crampons, etc.).

Les avant-trains et les affûts portent de nombreux accessoires (V. 180 et suiv.).

134. — D. Qu'est-ce qu'un *caisson*?

R. C'est une voiture dont l'avant-train est identique à l'avant-train de pièce, et dont l'arrière-train porte deux coffres à munitions, indépendamment d'ustensiles, d'accessoires et de rechanges (V. 183).

135. — D. Quelles sont les particularités de l'affût de montagne?

R. C'est un affût en fer et acier, généralement porté à dos de mulet. On place la pièce sur son affût quand on veut la mettre en batterie.

La pièce est, elle aussi, portée par un mulet.

L'affût est fort bas, aussi les servants sont-ils obligés de s'agenouiller pour l'exécution du canon de montagne.

Ils mettent dans ce cas une *genouillère*, pièce en cuir qui se fixe au genou et le garantit.

L'affût sert aussi quelquefois à transporter la pièce : à cet effet on adapte à la crosse, par le moyen d'une *fausse flèche*, un brancard appelé *limonière* dans les deux bras duquel on attelle un mulet. On peut aussi le traîner à la *bricole*.

Le canon de montagne n'a pas d'avant-train (V. 145).

Affûts de siége.

136. — D. Quelles sont les principales conditions que doit remplir un affût de siége?

R. L'affût doit porter la pièce à des allures lentes. Il doit être solide, d'abord parce que les canons de siége sont lourds, ensuite parce que leur tir, qui est très-puissant et qui produit un fort recul, occasionne des secousses ou, comme on dit, des *percussions* très-violentes (V. 7 et 74).

Les encastrements des tourillons sont disposés de manière à pouvoir servir aux pièces de siége des différents calibres, dans les anciens affûts.

Ils sont placés très-haut au-dessus du sol, dans le but de permettre plus facilement le tir sous de grands angles, et aussi pour qu'on puisse faire des embrasures peu profondes (V. 340).

On appelle *hauteur de genouillère* la hauteur de la bouche de la pièce au-dessus du sol lorsque son axe est horizontal.

On a grand intérêt à faire les embrasures peu profondes, d'abord pour ne pas affaiblir le parapet (V. 337), ensuite pour ne pas donner à l'ennemi de repères visibles, comme le sont ces échancrures découpées dans la crête.

On peut diminuer la profondeur des embrasures en surélevant les plates-formes (V. 363), mais le service de la pièce devient par là très-incommode. — Il est préférable d'avoir une grande hauteur de genouillère.

C'est pourquoi on a surélevé de 25° les encastrements des tourillons des anciens affûts de siége au moyen d'*exhaussements* en fonte solidement assujettis aux flasques par des *brides* en fer.

La hauteur de genouillère des affûts actuels est d'au moins 1^m,45.

Celles des canons de 420 et de 455 sont de 1^m,80 et 2^m.

137. — D. Laisse-t-on la pièce dans la même position pendant le transport et pendant le tir ?

R. Non. En général, la pièce risquerait de

basculer à cause de la grande hauteur des tourillons quand l'affût est réuni à l'avant-train. Il faut donc ramener la pièce plus en dedans de la base formée par les quatre roues.

C'est ce qu'on appelle faire passer la pièce de la position de tir à la position de route. Cette opération, ainsi que l'opération inverse, constitue une **manœuvre de force** assez longue et difficile, sinon dangereuse, surtout avec les affûts surélevés.

La position de route est fixée par des chevilles-arrêtoires ou des taquets fixés sur les flasques et faisant saillie.

Le 24 court reste pour la route dans les encastrements de tir.

138. — D. En quoi sont les affûts de siége?

R. Les anciens affûts sont en bois : les flasques sont réunis intérieurement par deux fortes pièces en bois appelées *demi-flèches*, qui se prolongent pour former la crosse. Leur système de pointage, qui était le même que celui du canon de montagne, a dû être modifié depuis qu'on a surélevé les encastrements des tourillons (V. 136).

Ainsi l'appareil de pointage de l'affût de 24 approprié pour le tir du canon de 138 se compose essentiellement d'un support de pointage pouvant tourner autour d'un axe situé près et au-dessous des tourillons. L'extrémité libre se coude de façon à se retourner entre les demi-flèches en forme d'arc de cercle percé de six trous. Une clavette qu'on introduit dans un de ces trous et prenant appui sur les demi-flèches permet d'élever plus ou moins le support de pointage suivant le trou dans lequel on l'introduit.

La culasse repose non pas directement sur le support, mais sur la tête d'une vis portant une manivelle et qui peut monter ou descendre dans un écrou fixé invariablement au support de pointage.

L'affût du canon de 24 court est en fer, ainsi que l'*affût à soulèvement* pour canon de 138 et que les affûts de 120 et de 15².

139. — D. Quelles sont les principales particularités de l'affût de 24 court?

R. Les flasques, au lieu d'être d'une seule pièce, sont composés de flasques proprement dits, parties en bronze (V. 127) qui forment le logement des tourillons, et de demi-flèches en fer très-épais qui continuent les flasques et se prolongent sans se rapprocher jusqu'à la crosse.

> Ceci a deux avantages : 1° la crosse est très-large ce qui augmente son frottement au moment du recul ; 2° l'espace entre les deux flasques est assez grand pour laisser passage à la culasse, ce qui permet le tir sous de grands angles (V. 126).

Pour pouvoir tirer le canon de 24 court sous de grands angles, on n'a pas adapté d'appareil de pointage à cet affût. Pour pointer, on baisse ou on soulève la volée au moyen d'une clef de manœuvre qui prend appui sur un tenon à six pans encastré dans le bouton de culasse.

La pièce, une fois en position, reste en place à cause de la difficulté qu'elle éprouve à tourner autour de ses tourillons qui sont fort gros (V. 18), et aussi parce qu'elle n'a ni prépondérance de culasse ni prépondérance de volée.

> On assure l'immobilité de la pièce en pressant sur la tranche du tourillon gauche à l'aide d'une *vis de frein* qui a son écrou fixé dans une plaque parallèle à la tranche du tourillon et qui fait corps avec le flasque gauche.

140. — D. Quelles particularités présente l'affût à soulèvement?

R. Le système de pointage en direction qui s'appelle *appareil de soulèvement* se manœuvre au moyen de deux leviers en fer qu'on amène de droite à gauche, tout en pesant dessus, pour faire tourner la crosse de gauche à droite.

La crosse, qui est très-large, repose sur une forte semelle, ce qui a l'avantage de créer un frottement considérable. Ce frottement diminue le recul (V. 139), mais il rend les déplacements latéraux difficiles : en pesant sur les leviers, on amène un *galet* circulaire à toucher le sol, et on soulève la crosse, de sorte que l'affût, au lieu de porter sur sa semelle, repose sur une pièce qui peut rouler (V. 177) et rouler d'autant plus doucement qu'elle est en bronze, ce qui adoucit les frottements (V. 127).

Les roues peuvent être plus ou moins rapprochées (V. 161). La position de tir correspond à leur plus grand rapprochement et la position de route à leur plus grand écartement.

141. — D. Quelle particularité présentent les affûts de 120 et de 155 ?

R. La pièce, qui a la prépondérance à la volée (V. 17) est fixée par une bielle à un arc denté formant crémaillère, qui fait contrepoids à la prépondérance. De sorte que les pièces de 120 et de 155 se trouvent en équilibre autour de leurs tourillons, comme le canon de 24 court (V. 139).

Les deux affûts sont d'ailleurs analogues : ils ont tous deux une grande hauteur de genouillère (V. 136).

142. — D. Quel est l'avant-train qui sert à faire rouler les affûts de siége ?

R. C'est un avant-train commun à tous ces affûts. On le nomme *avant-train de siége*.

L'affût à soulèvement est traîné avec l'avant-train du tombereau à bascule (V. 159). Encore ne peut-on employer ce mode de transport qu'exceptionnellement, pour de faible parcours.

Pour mettre l'affût de 24 sur son avant-train, on lui adapte une *fausse flèche*.

Affûts des mortiers.

143. — D. Comment sont fait les affûts des mortiers ?

R. Ils sont bas pour la facilité du chargement, vu le poids considérable des bombes.

Ils sont très solides à cause des fortes charges employées dans les mortiers, du poids relativement faible de ces bouches à feu et de la grandeur de leurs angles de tir habituels (V. 126).

Ils se composent essentiellement de deux épais flasques (V. 128) en fonte reliés par deux entretoises en bois (V. 129) et six boulons.

Le pointage se donne en soulevant plus ou moins la volée au moyen de *coins de mire* placés dessous.

L'affût du mortier de 15^c est composé d'une semelle en bois (V. 125), sur laquelle sont fixées deux *crapaudines* en fonte supportant les tourillons. On transporte cet affût au moyen de levier passés dans des *anneaux de manœuvre* qui y sont fixés.

L'affût comprend un support de pointage composé de deux plaques, l'une fixe, l'autre mobile, assemblées à charnière ; suivant qu'on donne à l'ouverture de ces deux plaques un angle plus ou moins grand, on pointe le mortier sous un angle plus ou moins fort. Un coin de mire, placé entre la surface supérieure de la plaque mobile et le dessous de mortier, permet de donner à l'angle de tir ainsi obtenu sa valeur exacte.

Ces affûts n'ayant pas de roues (car elles ne tarderaient pas à être brisées pendant le tir) ne peuvent servir au transport des mortiers.

Ce transport se fait au moyen du porte-corps (V. 157) ou du triqueballe (V. 158) : le mortier peut être transporté avec son affût ou séparément.

Le mortier de 32 centimètres, de côte, qu'on appelle *mortier à plaque*, offre cette particularité que la bouche à feu fait corps avec une forte plaque en fonte qui lui sert de support. Cette plaque est boulonnée sur un plateau en chêne formant semelle.

Il résulte de cette disposition que l'angle de tir est invariable : aussi n'y a-t-il pas, pour ce mortier d'appareil de pointage.

Affûts de places et de côtes et leurs accessoires.

144. — D. Quelles conditions doivent présenter les affûts de place ?

R. Ils doivent, encore plus que les affûts de siége, et, pour les mêmes raisons (V. 136), être très-solides et très-élevés.

Comme ils sont établis à peu près à demeure, il n'est pas nécessaire qu'ils soient faciles à déplacer.

Les affûts de place reposent sur des dispositifs appelés grands châssis, destinés à faciliter leur pointage et à diminuer leur recul.

— 77 —

Ces dispositifs étant relativement élevés, la hauteur de genouillère (comptée lorsque l'affût repose directement sur le sol) peut être diminuée en proportion.

Les affûts de siége sont établis sur grand châssis ou sur lisoir directeur.

145. — D. Qu'est-ce qu'un grand châssis et un lisoir directeur ?

R. Un *grand châssis* est un bâti composé essentiellement de trois pièces en bois servant d'appui aux moyeux des roues de l'affût et à sa crosse. Il va en montant de l'avant à l'arrière pour diminuer le recul. Ce châssis, fortement entretoisé, tourne autour d'une cheville verticale, appelée *cheville ouvrière*, qui pénètre dans un logement pratiqué à l'extrémité antérieure de la *directrice*, c'est-à-dire de la pièce de bois sur laquelle repose la crosse. Sous l'extrémité postérieure des *côtés*, c'est-à-dire des pièces de bois qui servent d'appui aux moyeux, sont placées des roulettes qui permettent de faire mouvoir le grand châssis autour de la cheville ouvrière.

Celle-ci fait corps soit avec une *sellette* entièrement métallique, soit avec un plateau métallique fortement boulonné à une semelle en bois. Cette disposition a pour but d'assurer la cheville ouvrière sur une base solide qui, implantée et fixée dans le sol, lui donne une stabilité suffisante.

L'ensemble de la cheville ouvrière avec sa base se nomme *petit châssis*.

Pour empêcher les châssis de fléchir surtout avec les pièces de 24 ou de 138, on place sous l'entretoise du milieu un large support appelé *pointal*.

Pour consolider encore le châssis, surtout dans le tir sous de grands angles, on fait poser l'extrémité postérieure de la directrice sur un support qui lui est à peu près perpendiculaire et qu'on fixe dans la position convenable au moyen d'un *coin de calage*.

La directrice, étant alors soutenue par le milieu et

les deux extrémités, se trouve dans de meilleures conditions pour supporter le poids de la pièce.

On facilite le déplacement latéral du châssis en préparant une *voie circulaire* en fer sous les roulettes et le pointal, au lieu de les laisser reposer directement sur le sol de la plate-forme. Des taquets placés aux extrémités des côtés limitent l'action du recul.

On emploi aussi à cet effet, en cas de besoin, des *cordages de sûreté* (ou *bragues*).

Un *tisoir directeur* est essentiellement une pièce de bois posée sur la plate-forme. Cette pièce de bois appelée *directrice*, est mobile autour d'une cheville ouvrière placée à sa partie antérieure; elle est emboîtée par la crosse de l'affût, et, par conséquent, elle l'entraîne dans ses mouvements autour de la cheville ouvrière.

A la partie antérieure de la directrice, un bâti en fer, appelé *tisoir*, porte deux galets qui facilitent les déplacements de la directrice et supporte les roulettes de l'affût.

On emploie surtout le tisoir directeur avec les pièces de campagne placées sur un affût de 12 de place dont on remplace les roues par des roulettes.

Le devant de la directrice porte une gorge dans laquelle on peut engager une brague qui, passant dans un double anneau de brague fixé sous la directrice et attaché à l'affût, permet d'en limiter le recul.

Avec le canon de montagne on emploie une *enrayure* dont l'effet est le même.

146. — D. Comment sont faits les affûts de place?

R. Les anciens affûts de place se composent essentiellement de deux *montants* à peu près verticaux et de deux *arcs-boutants* obliques venant s'assembler à hauteur des tourillons, dont les encastrements se trouvent de la sorte partie dans le montant, partie dans l'arc-boutant.

Ces pièces sont fortement boulonnées et entretoisées.

Entre elles est placée horizontalement, dans le sens de la plus grande longueur, une pièce de bois appelée *tirant*. Cette pièce porte, par l'intermédiaire d'une *échantignolle*, une vis de pointage du système décrit pour le canon de montagne (V. 135).

L'entretoise postérieure qui s'appelle *entretoise de crosse* porte deux *guides de crosse* destinées à emboîter la directrice du grand châssis ou du lisoir directeur (V. 145).

L'affût porte des roues spéciales, à moyeu en fonte, qui peuvent être enlevées et remplacées par des *roulettes* lorsque l'affût est monté sur lisoir directeur (V. 145).

Ces anciens affûts sont modifiés par l'exhaussement des tourillons (V. 136), destiné à permettre le tir sous des angles plus grands.

Il est résulté de cette surélévation de 20 cent. donnée à l'encastrement des tourillons la nécessité de changer certaines parties accessoires de l'affût, notamment le système de pointage. La modification est du genre de celle qui a été introduite dans l'affût de 24 approprié au tir du canon de 138 (V. 138).

147. — D. Qu'est-ce qu'un affût de casemate?

On appelle *casemate* un abri couvert où l'on met les pièces dans certaines parties de la fortification. La pièce tire par une sorte de fenêtre qu'on peut même généralement fermer par une plaque de métal en dehors des moments où on tire. Dans ces abris on est protégé des coups verticaux, des coups obliques, des coups de revers. Les seuls projectiles à craindre sont donc ceux qui entrent directement par l'embrasure.

R. C'est un affût métallique destiné à porter des pièces de campagne avec une hauteur de genouillère plus grande que celle de leurs affûts habituels.

Il en existe deux modèles : l'un pour les anciens canons de 4 (de montagne et de campagne); l'autre pour les canons de 5 et de 7.

> Comme les embases des tourillons de ces deux pièces ont des écartements différents, on rachète cette différence au moyen de rondelles qu'on interpose entre la tranche des embases et la face interne des supports des tourillons.

148. — D. Quelles qualités doivent présenter les affûts de côte ?

R. Les mêmes que celles que doivent présenter les affûts de siége (V. 138), avec cette différence que, restant en permanence dans le voisinage de la mer, ils ne sont généralement pas faits en bois, qui pourrirait trop rapidement.

149. — D. Comment sont les affûts de côte en service ?

R. Il y en a deux modèles :

Le premier, qui forme le principal armement des batteries, est monté sur un grand châssis en fonte pivotant autour d'une cheville ouvrière portée par une sellette également en fonte.

L'appareil de pointage se compose d'une vis montée sur un support qu'on peut placer dans différentes positions.

Les affûts du second modèle, destinés à l'armement des casemates, sont montés sur un châssis bas dont le lisoir, en fonte, est muni de galets comme le lisoir directeur de place (V. 145), et dont la directrice et les côtés sont en bois.

Le pointage en hauteur se donne au moyen

d'un coussinet de pointage et d'un coin de mire comme dans les mortiers.

On emploie pour mouvoir ces affûts des *leviers galets*.

Il existe aussi sur les côtes des affûts en bois à roulettes et à échantignolles. Ces affûts, qui proviennent de l'artillerie de marine, ayant une hauteur de genouillère insuffisante (0^m,70), seront bientôt mis hors de service.

Voitures accessoires des batteries.

150. — D. Quelles sont les principales parties de la *forge de campagne?*

R. Elle a le même avant-train que les pièces. Son arrière-train porte l'*âtre* à sa partie antérieure, en son milieu le *soufflet*, et, à sa partie postérieure, deux caisses d'apparence semblable aux coffres à munitions; l'une contient les outils de serrurier, l'autre renferme un approvisionnement de charbon.

Le coffre de l'avant-train renferme les outils de forgeurs et de maréchaux.

La *bigorne* (enclume) et son *bloc* sont transportés couchés sur l'âtre. On les établit sur le sol quand on se prépare à forger.

L'âtre est séparé du soufflet et du reste de l'arrière-train par une plaque de métal formant écran, qu'on nomme *contre-cœur*.

Il n'y a aucun écran entre le foyer et l'avant-train; mais, outre que cet avant-train porte peu d'objets faciles à enflammer, il est très-rare qu'on ne le sépare pas quand on allume le feu : généralement on l'enlève, et l'on maintient la flèche horizontale en la posant sur des pierres, par exemple.

Les nouvelles forges de campagne sont suspendues, c'est-à-dire que l'arrière-train est supporté par des ressorts qui le relient à l'essieu.

151. — D. Quelles sont les principales parties du chariot de batterie ?

R. Cette voiture a le même avant-train que les pièces : son coffre renferme les outils d'ouvriers en bois.

L'arrière-train est en forme de caisse sans couvercle. Il est recouvert par une *toile-prélat* portée par une perche mobile qui s'élève sur le milieu de la voiture et peut se rabattre sur le côté droit.

Ce chariot, dont les côtés s'appellent *ridelles*, est destiné à recevoir le harnachement des chevaux morts ou blessés, etc., indépendamment de son chargement habituel. (V. 183).

Il peut contenir environ 14 paires de bricoles.

152. — D. Quelles sont les principales parties du *chariot fourragère* ?

R. L'arrière-train est réuni à l'avant-train à peu près comme dans les voitures du commerce, c'est-à-dire que l'avant-train, qui a des roues fort basses (V. 171), est engagé sous le devant du corps de la voiture.

Celle-ci, dont la destination n'est pas absolument fixée, mais dont le chargement consistera principalement en fourrages, forme caisse dont les côtés sont formés par des ridelles horizontales soutenues par des montants.

Des ridelles, placées en dehors des côtés, parallèlement à eux et au-dessus des roues de derrière qui sont assez hautes, permettent d'élargir le chargement.

Les deux bouts de la voiture sont terminés par

des châssis élevés appelés *fourragères*, qui vont en s'évasant et sur lesquels le chargement doit prendre appui. On l'y maintient en tendant au-dessus de lui des chaînes ou des cordes allant de l'une des fourragères à l'autre.

> Le vrai nom du chariot serait *chariot à fourragères*.

153. — D. Qu'est-ce que le *fourgon*?

R. C'est une voiture à quatre roues dont les deux trains sont réunis comme dans les voitures de commerce.

Le corps de la voiture est en forme de caisse en bois, le dessus formé par une couverture en toile soutenue par des *cerceaux* en fer.

On fait le chargement de la voiture soit par une portière placée sur le côté gauche, soit par le derrière qui est fermé par un hayon et où se trouve une fourragère permettant de porter extérieurement une partie du chargement.

> On appelle *hayon* une portière mobile qui peut se rabattre ou s'enlever.

Sur le devant est un siège permettant de conduire à grandes guides (V. 175), bien que l'attelage puisse être conduit en postillon (V. 249) comme dans les autres voitures de campagne.

Sous le siège est un coffre contenant le matériel d'attache des chevaux.

Le fourgon sert au transport des vivres de réserve et des bagages (V. 232). C'est sur ces voitures qu'on place les cantines médicales ou vétérinaires, etc.

154. — D. Qu'est-ce que la *voiture régimentaire*?

R. C'est une voiture à deux roues attelée à un seul cheval.

Elle est destinée à l'infanterie, notamment pour son réapprovisionnement sur le champ de bataille. Elle est conduite par un conducteur ou muletier appartenant à cette arme.

Cette voiture porte aussi les outils à pionniers et un coffret contenant le matériel d'attache des chevaux.

Il y a différentes voitures régimentaires en service ; elles sont pour la plupart d'un modèle déclassé, c'est-à-dire qu'on les utilise pendant tout le temps qu'elles sont susceptibles de faire un bon service ; mais dès qu'elles ne pourront plus servir, elles seront remplacées par des voitures régimentaires du modèle règlementaire.

Matériel roulant des parcs de campagne et de siège.

155. — D. Quelles sont les principales voitures en usage dans les parcs ?

R. Ce sont le chariot de parc, le chariot porte-corps et le triqueballe.

156. — D. Qu'est-ce que le *chariot de parc* ?

R. C'est un chariot destiné au transport des rechanges, outils et approvisionnements de toute espèce. Ces objets sont jetés en *vrac*, c'est-à-dire pêle-mêle, ou placés dans des *caisses de parc*, ce qui facilite le déchargement.

Cette voiture se compose d'un avant-train spécial sans coffres et d'un arrière-train en forme de caisse sans couvercle dont on peut augmenter la capacité en rehaussant les côtés au moyen des ridelles, pièces horizontales soutenues entre elles et reliées par des montants appelés *ranchets* ; uivant la hauteur où on élève ces exhaussements, on dit que le chariot est à *hautes* ou à *basses ridelles*.

157. — D. Qu'est-ce qu'un *chariot porte-corps* ?
R. C'est une voiture destinée au transport des canons, des mortiers montés sur leurs affûts et des gros projectiles.

Elle peut porter jusqu'à 4,000 kilos.

L'avant-train est l'avant-train de siége (V. 142).

L'arrière-train se compose d'un simple plancher solide sur lequel on établit le fardeau. Pour monter ce dernier, on pose la flèche à terre en face de lui. La flèche étant formée de deux brancards exactement placés dans le prolongement du plancher, constitue un plan incliné sur lequel on fait remonter le fardeau en tirant sur lui par le moyen d'un cordage (prolonge), qui lui est attaché par le milieu, et dont on enroule les extrémités autour d'un treuil placé à l'arrière de la voiture.

Deux leviers spéciaux portés par la voiture servent à la manœuvre de ce treuil.

Pour le transport des canons, on place sur la voiture un coussinet dans lequel est un logement qui reçoit et maintient la volée. La place de la culasse est marquée par un évidement pratiqué à l'arrière de la voiture près du treuil.

Il est toujours bon de clouer les cales qui maintiennent le chargement en place avant de se mettre en route.

Pour le chargement des projectiles, on transforme la voiture en caisse sans couvercle en l'entourant d'un cadre fixé à des ranchets qu'on place dans des *anneaux porte-ranchets* disposés, à cet effet, contre les côtés de la voiture.

Les munitions sont quelquefois renfermées dans des caisses blanches de double approvisionnement (V. 123).

Pour les lourds fardeaux, on attelle 2 chevaux sur la volée de derrière du chariot; les autres chevaux s'attellent traits sur traits à la volée de devant (V. 175).

Il est bon de remplacer au moins les harnais de

derrière de la volée de devant par des harnais à traits renforcés.

Le nombre des chevaux est proportionné à la charge.

158. — D. Qu'est-ce que le *triqueballe* ?

R. C'est une voiture destinée à transporter à petite distance, dans les batteries de siége, de place ou de côte, et dans les arsenaux, de lourds fardeaux tels que : grosses bouches à feu, mortiers avec leurs affûts, corps d'arbres, etc.

Le fardeau est suspendu au-dessous de l'essieu, le plus haut possible au-dessus du sol, au moyen d'une chaîne qui lui est attachée et que fait monter un treuil établi à demeure sur la voiture. Celle-ci est souvent appelée pour cette raison *triqueballe à treuil*.

La voiture porte avec elle les leviers spéciaux nécessaires à la manœuvre du treuil.

La chaîne est attachée aux anses des bouches à feu, aux tenons de manœuvre des affûts de mortiers.

Elle est reliée aux fardeaux qui n'offrent pas ces moyens de suspension au moyen d'*anneaux élingues* qui les embrassent (V. 494).

Le triqueballe a un avant-train qui lui est spécial.

159. — D. Existe-il d'autres voitures dans les parcs ?

R. Il y a encore le *tombereau à bascule* destiné au service des polygones, arsenaux et autres établissements. C'est une voiture de place plutôt que de siége.

Son avant-train sert à conduire l'affût à soulèvement (V. 442).

Il y a aussi le *chariot agricole* qui est destiné au transport des fourrages, des bois de fascinage (V. 347), etc.

La *charrette de siége* est une voiture à 2 roues pour qu'elle passe facilement dans les tournants des tranchées, longs chemins creux en zigzag qui aboutissent aux batteries de siége. Cette voiture est destinée au transport des munitions, projectiles et objets divers.

Éléments principaux des voitures.

160. — D. Comment sont faits les timons ?

R. C'est en général, une pièce de bois qui se réunit à l'avant-train en entrant par son gros bout, de forme carrée, qu'on appelle *têtard*, dans un logement de même forme composé de deux pièces de bois formant *fourchette* dans laquelle s'emboîtent les joues du têtard, et de brides en métal qui, réunissant la fourchette, maintiennent le dessus et le dessous du têtard.

Une clavette passant dans deux trous pratiqués l'un dans le têtard, l'autre dans une des brides, empêche la séparation du timon et de la voiture.

Les voitures à suspension ont des chaînes et des branches de support au bout du timon. Les voitures à contre-appui (V. 173) n'ont que des chaînes de bout de timon.

Pour enlever le timon, on commence par retirer la clavette. On tire alors sur le timon en maintenant la volée si la voiture est à suspension.

Il arrive souvent que le têtard est gonflé par l'humidité, et qu'il vient difficilement. On essaye de le faire sortir en le *déhochant*, c'est-à-dire en le tirant à soi avec de petits mouvements latéraux. S'il tient encore, on desserre les écrous des boulons qui réunissent les brides à la fourchette, en se servant, à cet effet, de la tête de la vis-arrêtoir, qui est faite de forme carrée, de manière à embrasser les écrous.

Pour mettre un timon en place, on doit l'enfoncer franchement, d'un seul coup, jusqu'à l'arrêtoir qui, prenant appui contre la bride supérieure, limite sa course et fixe sa position.

Si, pour introduire un têtard gonflé d'humidité, on est obligé d'enlever un peu de bois, on doit plus tard, quand il reprend du jeu dans la fourchette, en se desséchant, l'y consolider fortement pour éviter sa rupture.

Certaines voitures n'ont pas de timon. L'affût de montagne a une limonière (V. 135); la voiture régimentaire, étant à un cheval, est munie d'un *brancard*. La charrette de siége a deux limons.

161. — D. A quoi sert l'essieu?

R. Il sert à relier les flasques aux roues, c'est-à-dire faire supporter aux roues le poids de la pièce.

Au repos, il a à supporter le poids de la pièce. Dans le tir, il a à résister aussi à l'effort en arrière que produit le recul du canon (V. 74).

> Cet effort est considérable, c'est pourquoi les essieux des affûts ont plus de largeur que de hauteur, tandis que, dans les autres voitures, la hauteur est égale à la largeur ou lui est supérieure.
> On raccourcit, pendant le tir, la longueur de l'essieu du canon de 138 pour lui donner plus de solidité (V. 140). En effet, une pièce de fer ou de bois qui reçoit un choc entre ses deux points d'appui résiste d'autant mieux que ces points sont plus rapprochés.

162. — D. En quoi sont les essieux?

R. Ils sont généralement en fer dans les anciens affûts.

L'essieu de 95 et celui du 24 court sont en acier.

> L'essieu est réuni au corps de la voiture soit par des tirants obliques, soit par un corps d'essieu. Cette disposition a l'avantage de donner un peu d'élasticité en même temps qu'elle surélève le bâti et, par conséquent, le timon.

L'essieu se termine par une partie conique appelé *fusée*.

> Le bout de cette fusée est incliné vers le sol. Cette disposition, qui se nomme le *carrossage*, a pour but de placer la roue obliquement sur le sol, les deux roues se rapprochant par leur partie inférieure et s'éloignant d'en haut.
> S'il en était autrement, c'est-à-dire si la fusée était dans la direction générale de l'essieu, la roue finirait par s'échapper. En effet, dans les cahots, le poids de la voiture fait fléchir l'essieu par son milieu ; ceci revient à dire que les bouts se relèvent. Il est bien clair que si les bouts se relèvent, la roue tendra à s'échapper en cassant l'*esse* qui la retient.
> Le carrossage a donc pour but final d'empêcher la roue de s'appuyer sur l'esse de bout d'essieu, de la casser et de tomber.

163. — D. Comment sont faites les roues ?
R. Les roues doivent être à la fois élastiques et solides. Leur partie centrale, appelée *boîte de roue*, est enfilée sur la fusée d'essieu autour de laquelle elle tourne. La boîte de roue est réunie par le *moyeu* à des *rais* qui viennent s'implanter dans la couronne circulaire qui pose à terre. Cette couronne est formée de pièces de bois assemblées entre elles, qu'on nomme *jantes*.

> La roue des affûts de place ayant le moyeu en fonte n'a pas de boîte de roue.

164. — D. Comment est faite la boîte de roue ?
R. C'est un manchon à peu près cylindrique en bronze (V. 127). Il porte à l'intérieur, vers son milieu sur le tiers de sa longueur, un élargissement dans lequel on loge la graisse destinée à adoucir le frottement quand la roue tourne.

Pour graisser une roue, on soulève la voiture, du côté de cette roue, au moyen d'un cric; on retire la roue après avoir enlevé la lanière, l'esse et la rondelle. On graisse la fusée, particulièrement dans le voisinage de l'épaulement et on replace la roue.

Il faut environ 420 grammes de graisse par essieu (V. 483).

165. — D. Comment est fait le moyeu?
R. De deux manières différentes suivant qu'il est en bois ou en métal.

Dans le premier cas, c'est une forte pièce de bois qui entoure la boîte de roue à laquelle elle est maintenue par des oreilles qui font corps avec elle. Des trous percés dans le bois constituent les logements où viennent s'engager les pattes des rais.

Les moyeux métalliques consistent en une simple boîte de roue et en deux disques en bronze perpendiculaires à cette boîte de roue. L'un de ces disques est venu de fonte avec elle; l'autre, qui est mobile, est relié au premier par des boulons. C'est entre ces deux plateaux que s'engagent les *pattes* des raies. En serrant les boulons plus ou moins fortement, on maintient plus ou moins les rais.

Les pattes des rais sont taillées en *voussoirs*, comme les pierres d'une arche de pont, pour s'appuyer les unes sur les autres.

En général, les rais étant au nombre de 14, par exemple, on emploie 7 boulons qui sont placés aux joints des pattes de deux rais consécutifs, mi-partie dans l'une et mi-partie dans l'autre. Ces boulons font alors l'office de prisonniers. La patte est donc peu affaiblie.

Les pattes des rais destinés à entrer dans des moyeux en bois sont, au contraire, amincies et relativement faibles.

Il faut souvent surveiller les écrous des moyeux métalliques et les maintenir toujours serrés à fond.
Le moyeu des affûts de place est en fonte.

466. — D. Comment sont placés les rais ?

R. Ils sont obliques par rapport à l'ensemble de la roue. Cette disposition, appelée *écuanteur*, a pour but de corriger le carrossage qui a pour effet (V. 462) de placer l'ensemble de la roue dans une position oblique. S'il n'y avait pas d'écuanteur, le rais inférieur qui porte tout le poids de la roue poserait obliquement sur le sol, et s'userait vite, car les pièces qui travaillent obliquement fatiguent rapidement. L'écuanteur ramène le rais inférieur à être d'aplomb et, par conséquent, augmente sa résistance.

467. — Comment mesure-t-on l'écuanteur ?

R. En se mettant par le travers et en regardant la roue de façon que l'œil soit dans l'alignement du plan extérieur des jantes. Dans cette position, on ne doit guère apercevoir que le tiers ou au plus la moitié du petit bout du moyen.

Quand on voit davantage, il faut faire *châtrer* la roue, c'est-à-dire diminuer le diamètre du cercle.

Cette opération peut encore être employée pour resserrer les rais s'ils jouent entre le moyeu et les jantes ou pour rapprocher les jantes entre elles, si elles se disjoignent.

468. — D. Quelle hauteur convient-il de donner aux roues ?

R. Plus les roues sont hautes, plus le tirage est facile ; plus elles sont basses, plus la voiture est solide.

Plus le tirage est facile, plus le recul l'est.

Les roues des affûts sont surtout calculées de manière que les tourillons soient à une distance commode au-dessus du sol (N. 175) sans pourtant être trop loin de l'essieu.

Quand les tourillons sont trop haut au-dessus de l'essieu (pièces de siége), on est obligé de les en rapprocher pour le transport.

Les roues des voitures d'une batterie sont, en général, toutes du même modèle : on n'a besoin alors que d'un seul approvisionnement de rechange. Les roues de l'affût de montagne sont petites, en proportion de l'affût qu'elles portent (V. 135).

Les roues du triqueballe sont hautes pour élever le plus possible le fardeau. Celui-ci, étant transporté suspendu au-dessous de l'essieu, heurterait à chaque instant les aspérité du sol s'il n'était maintenu un peu haut.

On fait quelquefois les roues de devant assez basses pour s'engager complétement ou en partie sous l'arrière-train. Par cette disposition, on facilite le tournant (V. 171) de la voiture.

Les roues des affûts de siége sont petites pour offrir plus de solidité, pour être moins encombrantes et pour diminuer le recul.

169. — D. Qu'est-ce que la *voie?*

R. C'est la distance des deux roues.

On la mesure sur le sol du bord intérieur de l'une au bord extérieur de l'autre (V. 462).

Plus la voie est grande, c'est-à-dire plus les roues sont écartées l'une de l'autre, moins la voiture risque de verser. Mais l'essieu devenant trop long perd de sa solidité.

La voie du 138 est petite pendant le tir (V. 140), pour que la partie de l'essieu qui travaille offre une résistance suffisante ; on la rend plus grande pour le transport, afin que l'affût risque moins d'être chaviré sur le côté (V. 464). La voie de l'avant-train doit être large pour diminuer le tournant (V. 170).

La voie des voitures d'une même batterie, ou au moins celle des deux trains d'une même voiture, est presque toujours la même afin que toutes les roues puissent passer dans les mêmes ornières.

170. — D. Qu'est-ce que le *tournant* ?

R. C'est la place nécessaire pour qu'une voiture puisse tourner.

Quand on veut tourner trop court, il arrive dans la plupart des voitures à quatre roues de l'artillerie que les roues de l'avant-train viennent rencontrer la flèche de l'arrière-train ou le corps de la voiture.

C'est pourquoi les points où elles peuvent porter sont souvent protégés par des *appuis de roues*.

Si l'on veut tourner trop court, la voiture peut verser, la flèche peut être brisée ou faussée, ou enfin, ce qui est le plus fréquent, le timon se casse (V. 286).

Le tournant des pièces de campagne attelées à six chevaux, c'est-à-dire l'espace strictement nécessaire pour qu'elles puissent faire demi-tour, est d'une quinzaine de mètres.

171. — D. Par quels procédés diminue-t-on le tournant ?

R. En augmentant la voie de l'avant-train (V. 169), en mettant à l'avant-train des roues basses qui puissent s'engager en partie ou même complétement sous la flèche ; enfin, en donnant à celle-ci le moins de largeur possible.

Dans les fourgons, il y a entre le siége et le corps de la voiture un espace laissé libre pour permettre le mouvement des roues qui s'engagent sous la caisse de l'arrière-train.

172. — D. Qu'appelle-t-on *mode de réunion des trains ?*

R. C'est la manière dont l'avant-train est réuni à l'arrière-train.

Les deux trains ne sont pas réunis à demeure dans les pièces, parce qu'on ne pourrait tirer les pièces réunies à leurs avant-trains ; le recul serait trop considérable, et il faudrait dételer. Quant aux caissons, on emploie le même système pour que leurs avant-trains puissent servir au transport de la pièce.

On ne peut pas songer à se dispenser d'avoir des avant-trains. Les voitures à deux roues, surtout si elles sont lourdes, se maintiennent difficilement en équilibre, particulièrement aux grandes allures ; le brancard ballotte constamment et la voiture risque de basculer.

Cette raison, jointe à la nécessité d'emporter des coffres à munitions et de transporter les servants, fait qu'on emploie les avant-trains, sauf pour les pièces de montagne (V. 135) et la charrette de siége.

Dans le chariot-fourragère et les fourgons, les deux trains sont réunis ensemble à demeure, comme dans les voitures du commerce.

173. — D. Quels sont les modes de réunion en usage dans l'artillerie ?

R. 1° Le mode de réunion *à suspension*, qui est celui des avant-trains de campagne.

La *lunette de bout de crosse*, placée à l'extrémité de la flèche, s'engage dans un *crochet cheville ouvrière* placé en arrière et au-dessous de l'essieu. Par ce moyen, l'arrière-train est réellement suspendu à l'avant-train.

Les deux trains sont indépendants, c'est-à-dire que, si une roue de l'arrière-train passe sur une pierre et se soulève, l'avant-train ne sera pas soulevé, et inversement. Cet avantage n'existe pas pour les voitures à 4 roues du commerce ni pour les voitures du même système.

Ainsi : qu'une des quatre roues du chariot-fourragère vienne à passer sur une pierre, et tout le chariot sera soulevé et penchera du côté opposé.

Quand l'arrière-train est réuni à l'avant-train, celui-ci n'est pas disposé pour basculer, puisque le point de suspension est plus bas que l'essieu ; au contraire, le timon tend à tomber. Aussi le soutient-on par une *servante* quand la voiture est au parc et, quand elle est attelée, par des *branches de support* qui s'accrochent aux *colliers* des chevaux de derrière.

2° Le mode de réunion *à contre-appui*, employé dans les voitures de siége en général.

L'avant-train porte une tige de fer verticale, appelée *cheville ouvrière*, placée en arrière et au-dessus de l'essieu. Cette tige s'engage dans une lunette pratiquée dans la flèche, mais non à son extrémité ; cette extrémité venant frotter sur un arc de cercle en fer, appelé *voie* ou *bande circulaire*, qui est fixé à l'avant-train.

De cette manière, l'arrière-train appuie sur l'avant-train, de sorte qu'il n'y a besoin ni de servante, ni de branches de support. Il faut même, en certains cas, empêcher l'avant-train de basculer en arrière et de se séparer de l'arrière-train.

A cet effet, on emploie une *chaîne d'embrelage*.

Dans le système à contre-appui, les deux trains sont solidaires l'un de l'autre.

174. — D. Pourquoi n'emploie-t-on plus le système à contre-appui pour les pièces de campagne ?

R. Il est plus difficile de remettre la pièce sur avant-train avec le système à contre-appui qu'avec le système à suspension, parce que, dans le premier cas, la cheville est plus haute que dans le second ; en effet, elle est au-dessus de l'essieu au lieu d'être au-dessous. On pourrait baisser l'essieu, en faisant les roues plus petites, mais on n'aurait plus les mêmes roues à l'avant-train et à l'arrière-train, disposition avantageuse pour la facilité tant des rechanges que du tirage (V. 168).

De plus, la cheville ouvrière et la voie circulaire prennent tant de place sur l'avant-train qu'il serait difficile d'y installer des coffres.

175. — D. Comment sont attelées les voitures de campagne?

R. Sauf les fourgons qui peuvent être conduits à grandes guides (V. 153) comme les voitures du commerce, les voitures des batteries sont attelées de la façon suivante :

A droite et à gauche du timon sont les deux chevaux de l'attelage de derrière. Ces chevaux sont harnachés *à bricoles* : ils soutiennent le timon au moyen de leurs collerons (V. 173) et des branches de support; ils produisent la traction au moyen de *traits* en cuir et en corde prenant appui sur leur poitrail par l'intermédiaire du *corps de bricole* et résistent à la poussée de la voiture, dans les descentes ou pour l'arrêt, au moyen des *chaînes d'attelage* du bout du timon qui, par l'intermédiaire de la *plate-longe* et de l'*avaloire*, prennent appui sur la croupe.

Les traits sont fixés à une volée fixe par le moyen de crochets d'attelage.

Le cheval qui est à droite du timon s'appelle *sous verge*; l'autre s'appelle *porteur*.

Le conducteur monté sur le porteur le dirige en se servant des *rênes* et des *jambes*, et conduit son sous-verge à l'aide de la *longe* et du *fouet*.

Les chevaux de devant agissent pour la traction, comme les chevaux de derrière : leurs traits sont attachés à ceux des chevaux de derrière au moyen de *crochets de tête de traits*.

C'est ce qu'on appelle atteler *traits sur traits*.

L'attelage de devant n'agit jamais pour arrêter la voiture ou diminuer sa vitesse; il n'a pas non plus à maintenir le timon. Aussi son harnachement ne comprend-il ni avaloires, ni plates-longes, ni collerons.

Dans presque toutes les voitures en service qui sont lourdes on emploie entre les chevaux de devant et ceux de derrière un attelage intermédiaire qu'on appelle *attelage du milieu*. Ce qui a été dit pour l'attelage du devant lui est applicable.

On peut atteler en file quatre, cinq, six attelages de la même façon qu'on en attelle trois. On prend parfois cette disposition pour gravir les montées pour lesquelles six chevaux ne suffiraient pas. Toutefois il n'est pas prudent d'employer plus de cinq attelages, parce que l'effort serait assez considérable, en pareil cas, pour rompre les traits (V. 288).

On admet que les chevaux d'artillerie de campagne peuvent traîner 300 kilos à toutes les allures.

Ceux qui travaillent au petit pas (4 kilomètres à l'heure) peuvent soutenir un effort moyen de 70 à 80 kilos environ, pendant une marche de 8 à 10 heures, s'ils sont bien entretenus. Pour les attelages de 8 à 10 chevaux, il ne faut pas compter sur un effort moyen soutenu de plus de 60 kilos, dans les mêmes conditions.

176. — D. Qu'appelle-t-on *systèmes d'enrayage*?

R. Ce sont des dispositions qui ont pour but de rendre le tirage de la voiture plus difficile et de la ralentir quand elle risque d'être lancée trop vite, notamment dans les tournants et les descentes.

Dans l'artillerie on utilise aussi le système d'enrayage à limiter le recul des pièces (V. 74). Il est à

6

remarquer en effet qu'une pièce qui recule par l'effet du tir va dans la même direction que si elle était tirée en avant par son avant-train.

On limite aussi le recul par des bragues ou des enrayures (V. 145), par des taquets, par l'inclinaison du sol (V. 363) ou du support (V. 134).

177. — D. Quels sont les modes d'enrayage habituels?

R. Il y en a deux, savoir:

1° Les enrayages qui ont pour effet d'empêcher la roue de tourner;

2° Ceux qui ont pour effet d'empêcher la roue de reposer sur le sol.

Ces deux procédés ont pour but d'empêcher la voiture de rouler et de la faire glisser, parce que, en général, le frottement est plus considérable avec une roue qui râcle la terre sans tourner qu'avec une roue qui tourne.

178. — D. Quels sont les pricipaux moyens employés pour empêcher une roue de tourner?

R. On peut attacher la roue à la voiture par le moyen d'une *chaine* entourant la jante et s'appuyant sur un rais (V. 145).

Cette disposition a l'inconvénient de laisser la même partie du cercle porter sur le sol. Cette partie s'échauffe, peut enflammer la jante et, en tous cas, se déforme de telle sorte que la roue cesse de *tourner rond*, comme on dit. De plus, le rais sur lequel porte la chaîne fatigue petit à petit et finit par casser.

On peut faire frotter plus ou moins le cercle de la roue contre une pièce de bois et de métal fixée à la voiture.

C'est ainsi que sont faites les *mécaniques*, appelées *sabots à patins*, des voitures de commerce.

Leur avantage est que la roue continue à tourner toujours un peu et que le cercle ne fatigue pas plus en un point qu'à l'autre. Mais comme il s'échauffe beaucoup, il risque d'enflammer les jantes.

La manivelle qui sert à rapprocher plus ou moins la mécanique de la roue est un peu délicate, ainsi que le mécanisme de transmission : c'est pourquoi, en France, ni les affûts ni les caissons n'en sont pourvus. Les fourgons ont des freins de ce genre : la manivelle arrive près du siége.

Les chariots-fourragères ont aussi un frein à patins qu'on fait agir en tirant sur la poignée d'un levier qui vient aboutir en arrière de la roue gauche.

179. — D. Quel moyen emploie-t-on pour empêcher la roue de poser sur le sol?

R. On place sous le bas de la roue une plaque de métal appelée *sabot*, retenue à la voiture par une chaîne de longueur telle que l'appui soit toujours pris sur le sabot.

Une disposition particulière, appelée *échappement*, permet de dégager le sabot et de rendre à la roue la liberté de tourner sur le sol, sans qu'on soit obligé d'arrêter la voiture et de se servir de la main.

Le sabot d'enrayage, employé dans toutes les voitures de campagne, évite que le cercle se fatigue : il s'use lui-même, il est vrai ; mais on peut remplacer sa semelle dès qu'elle est devenue trop mince. On la fait d'ailleurs en acier, ce qui lui donne plus de résistance.

Le sabot d'enrayage s'échauffant par le frottement, on ne doit pas le toucher quand il vient d'être dégagé de dessous la roue : comme il est retenu par une chaîne, on le laisse traîner à terre, et on attend une halte pour le remettre en place.

Ce mode d'enrayage est simple en même temps que solide. Il a l'inconvénient de ne pas fonctionner par les temps de verglas, ni quand la chaîne est un peu trop longue ou un peu trop courte.

Quand on veut limiter le recul au moyen de sabots d'enrayage, on en emploie un à chaque roue, pour équilibrer les actions. Pendant le tir on l'attache par l'oreille intérieure à l'essieu et par l'oreille extérieure à la boucle de la rondelle, au moyen de chaînettes.

Par l'effet du recul, la roue monte d'elle-même sur son sabot et cesse de porter directement sur le sol. Quand on fait à bras en avant, elle redescend, et il devient facile de mettre la pièce en batterie. Les chaînettes étant juste assez lâches pour permettre à la roue de se dégager du sabot, celui-ci l'accompagne en restant près d'elle de façon à se trouver en place dès que la pièce est en batterie, sans qu'on ait à le replacer à chaque fois.

Matériel transporté par les batteries de campagne.

180. — D. Quels sont les principaux rechanges transportés par une batterie de campagne ?

R. La batterie emporte comme rechanges des roues, des timons, des traits en corde, des esses, une grande quantité de lanières, des susbandes, des volées armées de leurs crochets d'attelage, des essieux, un grand nombre d'écrous, des hausses, des tire-feu, des obturateurs de rechanges, etc.

Les canons de 80 et de 90 transportent des guidons de rechange.

181. — D. Quels sont les principaux outils transportés par une batterie de combat ?

R. Dans les coffres, des clefs à écrous (universelles ou anglaises), des scies (articulées ou à main), des râpes, des tenailles (ou tricoises), des burins (ciseaux à froid ou bédanes), etc., sans compter les outils des ouvriers en bois (V. 151), des ouvriers en fer et des maréchaux-ferrants. (V. 150).

Extérieurement, les voitures portent des scies passe-partout, des outils à pionniers (hachettes, pelles rondes ou carrées, pioches), etc.

182. — D. Quel est le matériel de campement emporté par les voitures de campagne ?

R. Le matériel d'attache des chevaux, se composant de cordes à chevaux, de piquets (grands et petits) et de masses de campement nécessaires pour les enfoncer (V. 283).

> Les ustensiles de campement des hommes sont portés par les sous-verges ou confiés aux servants.

183. — D. Indépendamment des rechanges, des outils et des ustensiles de campement, quels sont les principaux objets transportés par une batterie de campagne ?

R. La *caisse aux instruments* renfermant : 1° la *lunette de batterie*, son *fût* et son *pied* ; 2° la *boussole de batterie* et son *pied*, 3° le *télomètre*, sa *boîte* et sa *gaîne* ;

> Elle est attachée aux poignées du coffre de derrière du deuxième caisson. Les coffres de derrière du 4e et du 6e caisson portent aussi les ferrures nécessaires au transport de la caisse aux instruments.

Le chariot fourragère transporte des faux et leurs accessoires, ainsi que des faucilles.

> Les faux servent à faucher l'herbe, notamment

6.

pour le cas où on aurait à exécuter des revêtements en gazons (V. 364).

Le chariot de batterie contient des armements (sacs à charges et sacs à étoupilles, avec une hausse ou un tire-feu dans chacun).

On y trouve aussi un cric.

Les autres armements de la pièce sont l'écouvillon long, l'écouvillon court, les leviers de pointage (dont l'un de rechange), le seau d'affût.

Les *écouvillons* sont des brosses placées à l'extrémité d'une hampe. Elles servent au nettoyage de l'âme et de la chambre. Le *refouloir*, qui est monté de même sur une hampe, sert à chasser en arrière une charge non tirée, si on cesse le feu. Les écouvillons du nouveau modèle servent à la fois d'écouvillons et de refouloirs.

Le refouloir peut servir aussi à pousser le projectile à fond quand on charge.

On doit exiger, lorsqu'on écouvillonne une pièce se chargeant par la bouche, que la lumière soit bouchée à l'aide du *doigtier*. En effet, s'il reste dans l'âme quelques parcelles enflammées, par exemple des débris du sachet, l'écouvillon introduit pour nettoyer l'âme fait un peu l'office de piston et, lorsqu'on le retire, on détermine, si la lumière est ouverte, un appel d'air qui active et entretient la combustion ; mais on fait le vide et, par conséquent, on éteint les débris enflammés, si la lumière est fermée.

S'il reste quelques étincelles dans l'âme au moment où on introduit le sachet, la poudre peut prendre feu en chassant en avant le refouloir au risque de casser les bras des servants qui le tiennent.

Aussi, doit-on éviter, dans le maniement du refouloir et de l'écouvillon, de présenter inutilement les deux bras devant la pièce, de crainte d'accident.

Le *seau d'affût* contient l'eau nécessaire au service de la pièce. Il ne faut pas le confondre avec la *boîte à graisse*, qui est destinée à transporter la graisse nécessaire aux roues (V. 164), ni avec le *seau d'abreuvoir*, qui sert surtout à faire boire les chevaux (V. 285).

Les avant-trains des pièces portent des *prolonges*, cordages moins longs, mais aussi gros, que les cordes à chevaux (V. 283).

> Les instruments et accessoires nécessaires au démontage ou au nettoyage de la pièce sont généralement transportés dans les coffres (ou coffrets), tels sont : un couteau, de l'huile contenue dans des burettes, des brosses grasses, des éponges, des chiffons, de l'étoupe.
>
> En règle générale, les chiffons de linge sec qui servent à essuyer les pièces humides ne doivent pas être employés pour le graissage, afin qu'ils puissent être lavés pour être utilisés de nouveau.
>
> Un bon entretien consomme une quantité de chiffons considérable; aussi convient-il de les ménager.
>
> Les ustensiles nécessaires pour parer à certains incidents qui peuvent survenir pendant le tir, tels que les dégorgeoirs (V. 83), sont aussi transportés par la batterie.

Les coffres contiennent les crochets à désétouper et spatules à étouper nécessaires pour l'étoupe destinée à la consolidation des charges.

Ils contiennent aussi des *clefs à fusées*, pour dévisser, au besoin, les fusées des projectiles.

> Cette opération délicate ne doit être faite que par le sous-chef artificier ou en sa présence.

De menus objets, tels que flambeaux (V. 97), chandelles, etc., sont portés dans une caisse appelée *caisse aux menus objets*.

> Les coffres et coffrets, sauf les coffres à munitions, sont fermés en temps de paix par des cadenas spéciaux différents pour chaque batterie, afin de préciser

les responsabilités (V. 330) et d'empêcher les détournements d'objets. En temps de guerre, on les remplace par le cadenas réglementaire d'un modèle uniforme pour toute l'armée. On délivre toujours une clef par trois cadenas.

Les caissons transportent les *outils à pionniers* (pelles, pioches, etc.), le matériel d'attache des chevaux, etc.

184. — D. Qu'appelle-t-on *outils de section?*

R. Ce sont des outils qu'on ne place que dans trois des six affûts de la batterie.

Ainsi, sur le couvre-obus de gauche de trois coffres d'avant-train d'affût de 95, il y a un tournevis à trou et pas de tournevis à clef. Dans trois autres, il y a un tournevis à clef et pas de tournevis à trou.

185. — D. Que contient le coffre d'avant-train de la forge?

R. Il contient les outils des maréchaux et des forgeurs (V. 94).

Les fers de réserve des chevaux sont transportés dans des poches à fer faisant partie de leur harnachement.

Les maréchaux montés portent quelques outils pour poser sur-le-champ une ferrure à froid. Ces outils sont dans des sacoches doubles en cuir, placées, à la façon des bissacs, des deux côtés de la selle.

Les principaux outils des maréchaux sont : des marteaux, des tenailles, des chasses, des tranches à chaud, des bouterolles, et les ustensiles qui servent à la conduite du feu, savoir : la mouillette, la palette, la ratissette, le tisonnier.

186. — D. Que contient le coffre d'arrière-train de la forge?

R. Il contient les outils de serrurier, dont les principaux sont : un étau à griffes, des marteaux, des limes, des burins, des tricoises, des clefs, des repoussoirs, etc., une machine à percer et un assortiment de menus rechanges (malles, rivets, rosettes, écrous, etc., etc.).

187. — D. Que contient l'avant-train du chariot de batterie ?

R. Il contient la caisse aux menus objets (V. 183), des approvisionnements divers (lanternes, barres de fer, paquets de fil de fer, rallonges de traits) et les outils d'ouvriers en bois, dont les principaux sont des scies, des haches, des cognées de charron, des serpes, des tarières, limes, vilebrequins, amorçoirs, bédanes, etc. On y trouve aussi des rechanges (tels qu'une semelle pour le sabot d'enrayage).

Chèvres.

188. — D. Qu'est-ce qu'une *chèvre ?*

R. C'est un appareil destiné à soulever de lourds fardeaux : dans l'artillerie, on se sert de chèvres pour armer les batteries de siége, en soulevant les pièces placées sur le porte-corps (V. 157) ou descendues du triqueballe (V. 158), et en les replaçant sur leurs affûts préalablement disposés sous la chèvre.

189. — D. Quelles qualités doit présenter la chèvre qu'on emploie pour armer les batteries de siége ?

R. Elle doit être facilement transportable dans les tranchées étroites qu'on pratique dans les siéges ; elle doit pouvoir se dresser et se manœuvrer facilement, sans trop de bruit, et n'être pas de trop haute taille pour ne pas dépasser l'épaulement, tout en étant assez haute pour soulever le fardeau au-dessus de l'encastrement des tourillons.

190. — D. Quelles sont les chèvres en usage dans l'artillerie ?

R. Dans les places, on emploie la chèvre à déclic et la chèvre de place.

Dans les siéges, on emploie la chèvre de tranchée.

191. — D. Qu'est-ce que la chèvre *à déclic?*

R. Elle se compose essentiellement d'une *poulie* supportée à une assez grande hauteur au-dessus du sol par trois *pieds*, dont un mobile qu'on met en place en dressant la chèvre. Les deux autres, appelés *hanches*, sont assemblés entre eux par 3 *épars* et 2 *boulons* placés vers la tête de la chèvre. Le boulon inférieur sert d'axe à un *treuil* placé entre les deux hanches.

Une chaîne, passant dans la gorge de la poulie, supporte le fardeau : elle est fixée par l'extrémité à un crochet placé sur le treuil, et s'enroule sur lui lorsqu'on le fait tourner.

Dresser la chèvre, c'est disposer la poulie au-dessus du fardeau en arc-boutant le pied mobile sur la tête de la chèvre, au moyen d'une lunette qui y est fixée. On donne de la solidité, surtout dans les terrains mous, en faisant poser les pieds sur des *plateaux*.

Equiper la chèvre, c'est y placer la poulie, la chaîne, etc. On peut équiper la chèvre avant de la dresser; c'est moins commode; mais, quand on l'équipe après, le servant qui engage la chaîne dans la gorge de la poulie, étant obligé de monter sur l'épars supérieur, peut se trouver à découvert.

On équipe la chèvre *à plusieurs brins* en supportant le fardeau par une ou plusieurs poulies enchappées disposées sur la chaîne dont l'un des bouts est accroché à un crochet fixé à la tête de la chèvre, l'autre bout étant toujours engagé dans le crochet du treuil.

Le but de cette disposition est de répartir le poids du fardeau sur un plus grand nombre de brins. Dans la pratique, chaque brin ne doit pas avoir à supporter plus de 2,500 kilogrammes ; on peut donc, avec la chèvre équipée à 4 brins, soulever exceptionnellement un poids de 10,000 kilos.

Pour faire monter sur les remparts un fardeau placé dans le fossé, comme on ne peut plus soutenir les hanches au moyen du pied, on attache à la tête de la chèvre des cordages qu'on maintient fortement à des piquets solides ou à des arbres placés en arrière. Ces cordages portant le nom de haubans, on dit qu'alors la chèvre est *équipée à haubans.* Les manœuvres de la chèvre à haubans peuvent devenir très-dangereuses pour peu qu'on y néglige les précautions prescrites par les règlements.

192. — D. Qu'est-ce que la *chèvre de place*?

R. C'est une chèvre peu différente de la chèvre à déclic (V. 191). La différence essentielle est qu'au lieu de treuil on emploie, pour faire monter le fardeau, un appareil appelé *monte-charges à barbotin*, qui exige l'emploi de chaînes dites *calibrées*.

Ce monte-charges est indépendant de la charpente de la chèvre : il peut en être aisément séparé et y être fixé dans deux positions différentes suivant que la chèvre est dressée sur son pied ou équipée à haubans (V. 191).

Les chaînes et les barbotins doivent toujours être tenus légèrement graissés, la couche de peinture dont ils sont recouverts s'enlevant aisément par le frottement.

Une caisse, placée dans une *civière à chaîne*, renferme les pinceaux, la graisse verte et l'huile nécessaires, ainsi que différents outils pour les réparations.

Les hommes s'équipent de sarraux ou de bourgerons en toile, avant de commencer la manœuvre.

193. — D. Comment est faite la *chèvre de tranchée*?

R. Elle se compose essentiellement d'un *chapeau*, pièce formée par l'assemblage de deux *demi-chapeaux* en bois, et de *montants* verticaux entre lesquels peut s'élever horizontalement le chapeau au moyen de *crics* placés sous ses deux extrémités.

Le fardeau est suspendu au milieu du chapeau, de sorte qu'il monte et s'élève en même temps que lui.

Cette chèvre est facilement transportable, simple, solide; elle n'est pas trop haute (V. 189). Elle ne l'est même pas assez pour les hauteurs de genouillère actuelles (V. 136). Aussi, quand on veut mettre une pièce sur un affût à soulèvement ou à banques exhaussées, doit-on surélever d'une quinzaine de centimètres les pieds des montants; la course du chapeau est augmentée d'autant.

194. — D. Qu'appelle-t-on *élingues*?

R. Ce sont des couronnes faites avec un bout de câble épissé, dont on protège l'épissure par une garniture en cuir ou en ficelle. Elles sont destinées à supporter les pièces dépourvues d'ancres dans les manœuvres de force.

Avant de confectionner une élingue, il faut bien examiner les cordages qu'on emploie. Bien que leur force de résistance puisse se calculer d'après leurs dimensions, il est bon de commencer par les éprouver en se rappelant que le goudron affaiblit à la longue les cordages; que la graisse et l'huile les affaiblissent aussi sans en augmenter la durée, etc. — Les cordes mouillées perdent quelquefois la moitié de leur force, l'humidité ne tarde pas à les pourrir.

Un câble qui supporte fréquemment de fortes charges finit par s'user et perd de sa résistance.

Quelquefois on emploie des anneaux métalliques au lieu de couronnes en cordage. C'est ce qu'on nomme *anneaux élingues*.

Ponts militaires.

195. — D. Comment fait-on les *ponts de bateaux?*
R. On place sur une même ligne perpendiculaire à la rivière un nombre suffisant de bateaux, l'*avant-bec* (la pointe) tourné en *amont*, c'est-à-dire du côté d'où vient le courant.

On appelle côté d'*aval*, celui vers lequel l'eau coule.

Ces bateaux sont maintenus par des *ancres* en fer qu'on jette à l'eau, et dont l'une des *pattes* s'enfonce dans le lit du cours d'eau.

A défaut d'ancre, on peut les attacher à des *corps perdus*, c'est-à-dire à des paniers ou à des caisses remplies de gravier, à des meules de moulin, à des blocs de pierre ou autres masses pesantes.

On peut aussi, si la rivière n'est pas large, les *amarrer* sur les rives, à des arbres, par exemple, ou à des piquets.

Enfin, on peut tendre un câble à deux arbres situés sur les rives opposées, en amont du pont, et attacher à ce câble des cordages fixés à l'avant-bec des bateaux.

L'intervalle entre deux bateaux successifs s'appelle *travée*. Les travées ont de 4 à 6 mètres de largeur.

Une fois les bateaux en place, on pose et on brêle sur leurs *bordages* (leurs bords) des *poutrelles*, sortes de gros madriers à section presque carrée, portant sur deux bateaux consécutifs, et placés dans la direction du pont. Sur les poutrelles et perpendiculairement à leur direction on établit jointivement les *madriers*, planches qui constituent le *tablier* du pont, c'est-à-dire le plancher sur lequel on passe. La disposition qui maintient les madriers en place se nomme *guindage*.

Le guindage doit permettre le repliement rapide du pont.

496. — D. Comment fait-on un *pont de chevalets*?

R. Dans les cours d'eau peu profonds, on place des chevalets formés de montants ou pieds qui soutiennent une pièce de bois horizontale appelée *chapeau*, de manière que ce chapeau soit placé dans la direction du fil de l'eau et au-dessus de sa surface.

On place les poutrelles sur les chapeaux de deux chevalets consécutifs et au-dessus on établit le tablier, comme il a été dit pour les ponts de bateaux (V. 495).

497. — D. Qu'est-ce qu'un *haquet*?

R. C'est une voiture employée au transport des bateaux, nacelles, chevalets, poutrelles, ancres.

Il est à brancards, les roues de l'avant-train pouvant passer sous les brancards pour faciliter le tournant de la voiture (V. 174).

Le haquet s'attelle ordinairement à 6 chevaux.

Chargé du bateau et attelé, il peut exécuter un demi-tour sur un chemin de 6 mètres de largeur, s'il n'est bordé ni d'arbres, ni de murs, ni d'obstacles du même genre. Dans une rue, entre deux murs, il faut une largeur de 10 mètres pour exécuter le demi-tour.

CHAPITRE V.

Pointage et tir.

Définitions.

198. — D. Qu'appelle-t-on *ligne de tir?*
R. C'est l'axe de la pièce indéfiniment prolongé.

> C'est la ligne que suit le projectile dans les premiers instants au sortir de la bouche de la pièce. Puis, peu à peu, par l'effet de la pesanteur, il s'écarte de cette direction primitive, en se rapprochant du sol.

199. — D. Qu'appelle-t-on *plan de tir?*
R. C'est le plan vertical passant par la ligne de tir (V. 198).

> C'est le plan dans lequel resterait le projectile s'il n'était dévié par trois causes principales qui sont : la dérivation (V. 122), le vent (V. 235) ou l'inclinaison des roues (V. 236).

200. — D. Qu'appelle-t-on *dérivation?*
R. C'est une déviation en dehors du plan de tir produite par le mouvement de rotation du projectile dans l'air.

> Ainsi, quand bien même il ne soufflerait pas le

moindre vent venant de la droite, un canonnier placé derrière un canon rayé de droite à gauche au moment du tir verra l'obus sortir dans la direction du canon, c'est-à-dire dans le plan du tir, puis peu à peu le projectile s'écartera vers la gauche.

Inversement, avec un canon rayé de gauche à droite, quand bien même il ne viendrait aucun vent de la gauche, le projectile sortirait du plan de tir en s'inclinant vers la droite. C'est ce qu'on exprime en disant :

La dérivation se produit dans le sens où tournent les rayures.

La dérivation s'exprime en mètres et centimètres.

201. — D. Qu'appelle-t-on *ligne de mire?*
R. C'est la ligne que suit le rayon visuel qui passe par le centre de l'œilleton de la hausse et le milieu de l'intervalle compris entre les pointes du guidon.

202. — D. Qu'appelle-t-on *ligne de mire naturelle?*
R. C'est la ligne de mire qu'on obtient en fixant la hausse et la planchette à zéro (V. 214).

La pièce est construite de façon à avoir son axe parallèle à la ligne de mire naturelle. Alors la ligne de tir est parallèle à la ligne de mire.

203. — D. Qu'appelle-t-on *trajectoire?*
R. C'est la ligne courbe que décrit le projectile pendant son trajet dans l'air.

On appelle *flèche* de la trajectoire la plus grande hauteur au-dessus du sol où passe le projectile.

204. — D. Qu'appelle-t-on *point de chute?*

R. C'est le point où le projectile touche le sol en tombant.

205. — D. Qu'appelle-t-on *portée*?
R. C'est la distance qu'il y a entre la pièce et le point de chute.

> Pour une même portée, plus la flèche (V. 203) est grande et plus la trajectoire est *courbe*, plus la flèche est petite et plus la trajectoire est *rasante* ou *tendue*.

206. — D. Qu'est-ce que *pointer* une pièce?
R. C'est lui donner la direction et l'inclinaison qu'elle doit avoir pour que le projectile aille toucher le but.

> Donner la direction, c'est ce qu'on appelle quelquefois donner la *dérive* (pour les canons).
> Donner l'inclinaison, c'est ce qu'on appelle souvent donner l'*angle* ou la *hausse* (pour les canons).

207. — D. Y a-t-il différentes espèces de pointage?
R. Oui : on distingue le *pointage direct*, qui s'exécute lorsque le but est visible, et le *pointage indirect*, qui s'exécute lorsque le but à battre est caché à la vue par un obstacle.
> Le pointage direct, qui s'exécute d'ordinaire à l'aide de la hausse et du guidon, est le plus rapide, le plus précis : aussi l'emploie-t-on chaque fois qu'il est possible.

208. — D. Qu'est-ce que le *tir direct*?
R. C'est le tir exécuté avec le pointage direct.
> Le *tir indirect* est celui qu'on exécute en pointant indirectement.

209. — D. Qu'est-ce que tir de *plein fouet*?
R. C'est celui qu'on exécute avec la plus forte charge réglementaire, qu'on appelle *charge maximum* ou

charge de guerre. Ce genre de tir est celui qui donne la trajectoire la plus tendue et la vitesse la plus considérable. C'est le plus précis, le plus facile et le plus destructeur. C'est le seul qu'on emploie en campagne.

210. — D. Qu'est-ce que le *tir plongeant*?

R. C'est un tir qui s'exécute avec des charges moins fortes que la charge de guerre. Dans ce cas, la trajectoire est plus courbe, la vitesse du projectile est plus faible, la justesse et les effets destructeurs de l'arme sont diminués. Mais ce genre de tir permet d'atteindre le but derrière les épaulements ou les obstacles naturels qui le masquent et qui empêcheraient de l'atteindre de plein fouet.

211. — D. Qu'est-ce que le *tir vertical*?

R. Le tir vertical ou *tir en bombe* est un tir plongeant fait en vue d'écraser des toitures, de défoncer des abris, etc. A cet effet, on lance le projectile aussi haut que possible, afin qu'il retombe presque d'aplomb sur le but. Il est alors susceptible de produire des effets d'écrasement considérables.

Le tir vertical et le tir plongeant s'exécutent ordinairement avec le pointage indirect.

Les mortiers ne peuvent être employés que pour le tir plongeant ou le tir vertical. Dans ce dernier cas, ils sont pointés sous l'angle de 45 ou de 60°.

Pointage.

212. — D. Comment donne-t-on la direction à une bouche à feu?

R. On la donne aux canons de campagne à l'aide du levier de pointage (V. 130), et aux canons de siége et de place au moyen de leviers ou de pinces, avec lesquels on embarre sous la crosse. Si ces pièces sont sur lisoir directeur ou sur grand châssis (V. 145) on embarre sous la directrice.

Dans l'affût en fer de 138, la direction est donnée au moyen de l'appareil de soulèvement (V. 138).

Pour les mitrailleuses qui n'ont pas de recul, on leur donne approximativement la direction en déplaçant la crosse à l'aide du levier de pointage. On achève de donner la direction sans toucher à l'affût, grâce à ce que les tourillons sont portés par deux flasques mobiles qui peuvent se déplacer, indépendamment de la flèche, au moyen d'une vis, dite *vis du mouvement latéral*.

Avec le mortier de 15 on se sert des leviers portereaux (V. 143) et, avec les autres mortiers, de leviers avec lesquels on embarre sous les entailles de la tête et de la queue.

<small>On se sert, particulièrement pour les pièces de côtes, de *leviers à galets* (V. 138) et de leviers marins appelés *anspects*.</small>

213. — D. Comment donne-t-on l'angle à une bouche à feu ?

R. Pour tous les canons, sauf le 24 de siège, à l'aide d'une vis ou d'une crémaillère de pointage.

Avec le 24 court, on se sert de la clef de manœuvre (V. 18).

On pointe les mortiers en soulevant plus ou moins la volée à l'aide de coins de mire (V. 143) qu'on enfonce dessous plus ou moins avant.

214. — D. Comment est faite une *Hausse* ?

R. C'est généralement une *tige* en métal sur laquelle sont marquées des graduations et qui porte un *œilleton*, petit trou par lequel on regarde.

On peut faire varier la distance de l'œilleton à l'épaulement au moyen duquel la hausse prend appui sur la pièce. En d'autres termes, on peut augmenter ou diminuer la hausse.

La hausse est, en général, graduée en millimètres sur une face et en portées sur une autre. Quand les projectiles lancés par la bouche à feu sont de poids différents, il y a d'ordinaire différentes graduations en portées. Quelquefois la hausse est disposée de manière à donner en regard de chaque portée la dérive correspondante (V. 215), parfois aussi de manière à indiquer de combien augmente la portée pour un tour de manivelle.

La hausse, destinée à résister aux efforts qui se produisent pendant le recul, doit offrir de la résistance dans le sens du plan de tir. Elle doit aussi sortir le moins possible de son canal, car, plus la partie qui sort est longue, plus elle court risque de se fausser.

Comme on donne de fortes hausses aux grandes distances, il fallait retirer de leur canal les hausses de campagne à tige carrée, quand on tirait à plus de 4,000 mètres.

Cette précaution n'est plus nécessaire avec les épaisses tiges triangulaires des hausses adoptées pour le nouveau matériel : elles sont fort solides et sont appliquées énergiquement sur leurs deux faces antérieures au moyen d'un ressort placé contre leur face postérieure.

La hausse de l'obusier de 22 est courbe.

L'œilleton est percé dans une *planchette mobile* qu'on peut éloigner plus ou moins de la tige par le moyen d'une *vis de rappel* ou d'un *pignon* qui engrène dans une *crémaillère*.

On maintient la planchette en position au moyen d'une *vis de pression* (en clef de violon).

En éloignant plus ou moins l'œilleton de la tige on diminue ou on augmente la dérive.

215. — D. Qu'est-ce que la *dérive* d'un canon ?

R. C'est le nombre de millimètres dont il faut porter l'œilleton à droite (gauche) du zéro pour corriger la dérivation à gauche (droite) qui se produit dans les pièces rayées de droite à gauche (gauche à droite).

> Si, par extraordinaire, la dérivation de la pièce se produisait à droite (gauche), on porterait l'œilleton à gauche (droite) du zéro, ce qui s'appelle donner une *contre-dérive*.
>
> La contre-dérive se compte également en millimètres.

216. — D. Comment pointe-t-on avec la hausse?

R. Le pointeur donne la hausse indiquée par le commandant de la batterie et la dérive indiquée par le chef de section; puis, la hausse étant en place, il regarde par l'œilleton, de façon que son rayon visuel passe bien par le centre de l'œilleton et le milieu de l'intervalle compris entre les pointes du guidon.

Ayant ainsi déterminé la ligne de mire, il commence par faire monter ou descendre la vis de pointage jusqu'à ce qu'il aperçoive le but un peu au-dessus du pan coupé supérieur du guidon.

Il fait ensuite déplacer la crosse, de manière que le but paraisse à l'aplomb du milieu de l'intervalle compris entre les deux pointes.

> La rapidité du pointage dépend surtout de l'accord du pointeur et de l'homme placé au levier.

Enfin, en abaissant la vis de pointage, il amène les deux pointes à paraître au niveau du but.

> Plus la hausse est grande, plus le projectile s'élève haut et va loin. Plus la dérive est grande, plus le

7.

projectile est ramené à droite (à gauche) avec une pièce rayée de droite à gauche (de gauche à droite).

Ainsi : en élevant l'œilleton, on élève ou on allonge le tir ; — en abaissant l'œilleton, on abaisse ou on raccourcit le tir ; — en déplaçant l'œilleton vers la droite, on porte le tir vers la droite ; — en déplaçant l'œilleton vers la gauche, on déplace le tir vers la gauche.

C'est ce qu'on exprime en disant :

Le projectile suit les mouvements de la hausse.

La hausse sert dans le pointage direct, le seul qui soit employé en campagne.

217. — D. Les sous-officiers, brigadiers ou canonniers peuvent-ils modifier la hausse ou la dérive qui leur sont données ?

R. Non. Toute modification est formellement interdite.

Il est également défendu aux pointeurs, d'une façon absolue, de pointer plus à droite ou plus à gauche, plus long ou plus court, pour rectifier un tir qui leur paraît trop à gauche ou trop à droite, trop court ou trop long.

On dit qu'un coup est *court* (ou *long*) quand il tombe en avant (ou en arrière) du but.

Si on pouvait avoir un canon ne s'encrassant pas, ne s'échauffant pas, ne s'usant pas, un canon en un mot restant identique à lui-même après chaque coup ; — si on pouvait fabriquer pour ce canon des projectiles absolument identiques, des gargousses uniformes et brûlant de la même façon ; — si la charge était toujours placée dans la chambre de la même manière ; — si l'atmosphère que traversent les projectiles restait parfaitement calme et toujours la même ; si enfin toutes les conditions du tir restaient absolument identiques, il arriverait qu'en braquant ce canon toujours de la même façon, tous les projectiles tirés tomberaient à la même place.

Si donc le projectile n'atteignait pas le but, il faudrait changer la hausse ou la dérive (en admettant que le pointeur soit bon et que le but ait été bien visé).

Mais comme ni les gargousses, ni les projectiles, ni les canons ne peuvent être parfaits, et qu'on tire toujours dans une atmosphère plus ou moins agitée par des courants d'air, il arrive, même en prenant soin, par un pointage précis, de diriger la bouche à feu de la même manière à chaque coup, que les projectiles tirés ne tombent pas à la même place. Les points de chute s'éparpillent, sans cependant s'éloigner beaucoup les uns des autres.

Toujours est-il que la pièce peut être bien pointée quand bien même on aurait des coups courts et des coups longs, des coups à droite et des coups à gauche.

Les officiers ont les moyens de savoir si les écarts proviennent d'un mauvais pointage, et ils peuvent le rectifier. Les sous-officiers, brigadiers et canonniers, qui n'ont pas le moyen de faire ces rectifications, doivent donc attendre des ordres pour les exécuter.

Aux écoles à feu, l'infraction à cette règle empêche les officiers de se rendre compte du régime de la pièce (V. 233), c'est-à-dire du degré de perfection avec lequel elle tire. Or, il est clair que ce renseignement est utile à connaître en campagne.

218. — D. Qu'est-ce que le *niveau de pointage?*

R. Le niveau de pointage se compose d'une portion de cercle métallique évidée dont l'arc est divisé en degrés et demi-degrés et d'un *niveau à bulle d'air*, fiole en verre renfermée dans une gaine en laiton mobile autour d'une charnière placée au centre du cercle. L'extrémité mobile de la gaine, qui s'appelle *curseur*, embrasse l'arc gradué le long duquel elle se déplace. Une *vis de pression* permet de l'arrêter et de fixer le niveau dans une position quelconque.

219. — D. A quoi sert le niveau de pointage ?
R. Il sert à donner l'angle (V. 206).

A cet effet, on fait tourner le niveau à bulle d'air autour de sa charnière jusqu'à ce qu'un *zéro* marqué sur le curseur arrive en regard du trait de l'arc gradué correspondant au nombre de degrés indiqué ; on serre la vis de pression. On applique alors l'instrument sur la table du niveau de pointage.

On le tient bien vertical, et on le dispose de manière que la pointe d'une flèche gravée sur la base avec les mots DIRECTION DU BUT soit tournée vers la bouche et non vers la culasse de la pièce.

On agit sur la vis de pointage de manière à lever ou baisser la culasse, jusqu'à ce que la bulle d'air soit arrivée au milieu du niveau.

On a atteint ce résultat lorsque les extrémités de la bulle se trouvent à égale distance de deux traits tracés sur la fiole en verre.

220. — D. Qu'appelle-t-on *pointage à la manivelle?*

R. C'est un mode de pointage qui consiste à modifier, à l'aide de la manivelle, l'angle donné à la pièce au moyen de la hausse et du niveau de pointage.

Il est clair, en effet, que, si on fait tourner la vis de pointage de manière que la culasse s'abaisse, l'angle de tir augmentera, et, par conséquent, le projectile portera plus loin.

Au commandement

A LA MANIVELLE
Plus loin (ou *près*)
(Tant de) TOURS.

le pointeur tourne la manivelle du nombre de tours indiqué, de manière à abaisser (élever) la culasse.

On évite toute hésitation, grâce à deux traits en croix tracés sur la flèche (ou le flasque) de manière à se couper d'équerre sur l'axe de la vis de pointage. Une flèche avec les mots PLUS LOIN indique dans quel sens il faut tourner la manivelle pour abaisser la culasse. Une autre flèche avec les mots PLUS PRÈS indique dans quel sens il faut tourner la manivelle pour élever la culasse.

Dans certains affûts, on a tracé, au lieu des deux traits en croix, une spirale tout autour de la vis de pointage sur la plaque de dessus de flèche ou sur le flasque. Cette spirale porte les divisions 1,000, 1,100, 1,200, etc., ainsi que des flèches indiquant dans quel sens il faut tourner la manivelle pour abaisser la culasse. Dans ce cas, au commandement :

A LA MANIVELLE

Plus loin (ou *près*)

(tant de) *mètres.*

On lit la division où est arrêtée une aiguille fixée à la manivelle et on tourne cette dernière dans le sens marqué par les flèches (dans le sens opposé), du nombre de mètres indiqué par le commandement.

Ainsi, si l'aiguille était arrêtée à la division 2,000 et si l'on a reçu l'ordre de pointer 200 mètres plus loin, on tourne la manivelle jusqu'à ce que l'aiguille entraînée dans son mouvement s'arrête à la division 2,200.

Pour les distances intermédiaires, on les apprécie au jugé.

221. — D. Comment pointe-t-on généralement les bouches à feu de siége et de place ?

R. Les canons placés derrière des embrasures à contre-pente (V. 340) et les mortiers placés derrière des épaulements sans embrasures (V. 339), ne pouvant être pointés directement, on leur donne généralement l'angle au moyen du niveau de pointage ou du quart de cercle, et la direction au moyen du cordeau.

222. — D. Qu'est-ce que le *quart de cercle* ?

R. C'est un plateau en bois de forme carrée. A un des coins est attaché un *fil à plomb*, c'est-à-dire une ficelle dont l'extrémité libre porte une *balle* en plomb qui peut se déplacer dans un *canal* creusé dans le quart de cercle, et dont le bord porte une graduation.

Pour se servir de cet instrument, on l'applique de champ sur la tranche de la bouche, en le maintenant bien d'aplomb pour que les mouvements de la balle ne soient pas gênés, et en ayant soin que le coin le plus élevé soit celui auquel le fil à plomb est fixé.

On a l'habitude d'appliquer le quart de cercle sur le bord de la tranche de la bouche en s'accroupissant ou en s'agenouillant de façon à démasquer la ligne de tir.

On élève ou on abaisse la volée à l'aide des coins de mire jusqu'à ce que le fil à plomb s'arrête à la division qui correspond au nombre de degrés indiqué.

— L'angle se trouve alors donné au mortier.

223. — D. Comment s'effectue le pointage au *cordeau* ?

R. On attache à un piquet, planté en haut de l'épaulement, l'extrémité d'un cordeau dont l'autre bout peut se déplacer sur une planchette horizontale placée derrière la queue de la plate-forme. Cette planchette est supportée par un fort piquet.

Ceci fait, on se place en arrière de la planchette, assez haut pour voir le but par-dessus l'épaulement, et on fait déplacer le bout libre du cordeau le long de la planchette jusqu'à ce que le but et le cordeau, dans toute sa longueur, soient cachés simultanément par un fil à plomb qu'on tient librement dans la main. On fixe alors le cordeau dans cette position. Si ensuite on amène les crans de mire que porte la pièce juste au-dessous du cordeau, le but se trouvera être dans le plan de tir de la pièce. Par conséquent, celle-ci est bien en direction, et il suffit qu'on lui donne l'angle pour qu'elle soit pointée.

Si le projectile s'écarte du plan de tir, c'est-à-dire s'il y a une dérivation (à gauche, par exemple), on la corrigera en inclinant la bouche de la pièce vers la droite. A cet effet, on ramène l'extrémité libre du cordeau vers la gauche. Il est clair qu'alors, en replaçant les crans de mire juste au-dessous du cordeau, on a incliné la bouche de la pièce vers la droite.

Pour faire amener les crans de mire d'un mortier juste au-dessous du cordeau, on se place en arrière de celui-ci et l'on fait déplacer le mortier jusqu'à ce que ses crans de mire et le cordeau, sur toute sa longueur, soient cachés en même temps par un fil à plomb qu'on tient librement à la main.

Comme il est difficile de déplacer les canons pour les amener au-dessous du cordeau, on procède un peu différemment avec eux. On élève ou on abaisse la planchette jusqu'à ce que le cordeau ait à très-peu près l'inclinaison que doit avoir la pièce. Puis on donne l'angle à la pièce. Ceci fait, on fait déplacer la crosse du canon à droite ou à gauche jusqu'à ce qu'en regardant un peu par côté, dans une position convenable, on arrive à voir le cordeau cacher tous les crans de mire de la pièce en même temps.

On rend le pointage plus facile en tendant une

ficelle entre les crans de mire; c'est cette ficelle qui doit être cachée en entier par le cordeau pour que la pièce soit pointée.

Il est bon de vérifier l'angle avant de tirer, parce qu'il a pu être un peu modifié si la plate-forme n'est pas bien plane (V. 363).

224. — D. Qu'appelle-t-on *repérer* le pointage d'une pièce ?

R. C'est employer des procédés qui permettent de pointer plusieurs fois de suite une pièce de la même façon que la première fois, mais plus simplement.

Le pointage au cordeau est difficile ; le vent, les gaz de la poudre font changer la position du cordeau : il faut vérifier de temps en temps qu'elle est bien restée la même.

L'emploi du fil à plomb n'est pas bien commode. Le vent le fait osciller, ce qui empêche de pointer.

Enfin on ne peut pointer au cordeau dans le tir de nuit.

On peut aussi avoir à repérer le tir des pièces de campagne pour éviter qu'à un moment donné le pointeur ne puisse plus voir le but, à cause de la fumée ou du brouillard.

On conseille, dans ce cas, de choisir, en avant de la pièce et aussi loin que possible, un point de repère qu'on puisse viser sans déplacer la pièce, en donnant une certaine hausse et une certaine dérive.

Si, une fois le coup parti, on ramène la pièce exactement à la même place et si on pointe de nouveau sur le point de repère avec cette hausse et cette dérive, la pièce se trouvera pointée exactement comme la première fois.

Le repérage du tir des pièces de campagne peut surtout servir à supprimer les lenteurs et les difficultés du pointage dans le tir aux grandes distances. On pointe le premier coup par les moyens indiqués dans la théorie, et les suivants par le procédé qui vient d'être expliqué.

225. — D. Quels sont les moyens de repérage en usage ?

R. Un des plus naturels consiste à marquer la place qu'occupaient les roues et la crosse après le pointage de la pièce. Le coup parti, on ramène la pièce en batterie : les roues se trouvent alors à un certain nombre de centimètres à droite ou à gauche des traits qui marquent leur première position. On n'a qu'à porter la crosse du même nombre de centimètres à droite ou à gauche du trait qui marquait sa première position, et la pièce est placée en direction. Il ne reste qu'à lui donner l'angle.

> Différents appareils ont pour but de repérer la position de la pièce d'après ce principe.
> Le lieutenant *Morizot* (aujourd'hui capitaine) a imaginé un procédé de repérage fondé sur un principe différent, qui est celui du pointage au cordeau.

Le procédé du capitaine Morizot est le suivant : On plante en terre, à côté de la plate-forme (à gauche pour les pièces rayées à gauche, à droite pour les pièces rayées à droite), deux piquets dont les têtes sont au même niveau et aussi près que possible du sol. On tend une ficelle blanche entre ces deux piquets.

On fixe au sommet du guidon (ancien système), ou juste au milieu de l'intervalle des deux pointes (si le guidon est du système Broca), un fil noir qu'on enfile dans l'œilleton, et au bout libre duquel on attache une petite masse pesante destinée à le tendre.

Ces dispositions étant prises, on donne l'inclinaison à la pièce au moyen du niveau de pointage. En même temps, on place le curseur de la hausse à la division qui correspond à l'angle de tir, ce qui rend le fil horizontal.

On donne la dérive correspondant à la distance, ce qui n'empêche pas le fil de rester horizontal.

Enfin le pointeur se place sur le côté et fait déplacer l'affût jusqu'à ce que le fil noir de la pièce puisse lui cacher la ficelle blanche de la plate-forme.

La pièce est alors pointée.

En effet, elle a l'inclinaison nécessaire, d'une part. De l'autre côté, la ligne de mire, inclinée sur le plan vertical de tir, de manière à corriger la dérivation, est parallèle au cordeau de pointage, et, par conséquent, se trouve placée dans la direction du but.

Pour corriger les écarts en direction, il suffit de changer la dérive en déplaçant l'œilleton, comme dans le pointage direct, ou en déplaçant la ficelle comme dans le pointage des mortiers.

A cet effet, la tête du piquet placé vers la queue de la plate-forme est munie d'une planchette transversale graduée en centimètres. On amène l'extrémité libre de la ficelle vis-à-vis la graduation convenable, et on la fixe en l'enroulant autour de la planchette.

226. — D. Comment fait-on varier la portée des pièces de siége et de place ?

R. Soit en faisant varier l'angle, soit en faisant varier la charge (V. 210). Ce dernier procédé est souvent employé dans le tir des mortiers.

227. — D. Dans quel cas a-t-on à pratiquer le tir de nuit ?

R. On ne l'emploie guère que dans les siéges, surtout pour les bombardements.

Ce tir ne peut s'exécuter qu'à l'aide des procédés de repérage (V. 223).

Pour exécuter le tir de nuit avec les mortiers, on place contre la semelle du mortier pointé de jour un tasseau ou deux fiches qui repèrent la position de l'affût : à chaque coup, on ramène la semelle contre ce repère.

Appréciation des distances.

228. — D. Quelle est la première chose à connaître quand on veut pointer une pièce ?

R. C'est l'éloignement du but. Il est rare qu'on le connaisse exactement. Aussi est-on forcé de l'apprécier plus ou moins exactement.

229. — D. Quels sont les procédés habituellement employés pour l'appréciation des distances ?

R. 1° On apprécie les distances *au jugé*, si on en a un peu l'habitude, avec une certaine exactitude. Ce qui contribue à donner l'idée de l'éloignement d'un objet de dimension connue, c'est la taille qu'il paraît avoir du point où on se trouve. Ainsi, si on regarde par l'œilleton de la hausse et le guidon de tête d'un homme placé devant la pièce, et qu'ensuite on fasse sortir davantage la tige du canal, jusqu'à ce qu'on arrive à faire passer la ligne de mire par les pieds de l'homme, on remarquera que plus l'homme est rapproché, plus la distance dont il faut tirer la tige est grande.

Dans les batteries de côte, on évalue la distance des navires sur lesquels on a à tirer, en appliquant un procédé de ce genre. Au lieu de regarder la tête et les pieds d'un homme, on regarde, dans ce cas, la ligne de flottaison et le capelage du grand mât du navire.

La *ligne de flottaison* est la ligne à partir de laquelle le bâtiment sort de l'eau. Le *capelage* d'un mât est le point, très-apparent, où viennent se réunir les haubans qui soutiennent ce mât.

2°. On apprécie la distance à l'aide d'une carte sur laquelle on mesure la longueur entre le point où on est et le point où est le but. Si cette longueur est trouvée être de 33 millimètres, par exemple, sur une carte d'état-major au 80,000°, c'est-à-dire où 1 millimètre représente 80 mètres, la distance cherchée est de 2,640 mètres.

Il est relativement facile de retrouver sur une carte le point où on est, surtout si on a une boussole (V. 183); mais il est rarement aisé de déterminer avec exactitude la position du but, à moins que ce ne soit un point isolé ou un point remarquable, un clocher, par exemple, comme il arrive dans les bombardements d'en choisir pour objectif.

3° Un moyen souvent commode d'apprécier à quelle distance on est d'une pièce qui tire consiste à compter combien de secondes s'écoulent entre le moment où on voit la flamme du coup et celui où on entend la détonation. Avec un peu d'habitude, on arrive à compter : *un-deux-trois-quatre-cinq-six* dans une seconde juste.

Il faut à très peu près trois secondes pour que le son franchisse un kilomètre. Donc, en une seconde, il parcourt environ 333 mètres et, par conséquent, à chaque chiffre qu'on prononce, il a franchi environ 55 mètres. Ainsi, si l'on a compté :

Un-deux-trois-quatre-cinq-six
Un-deux-trois-quatre-cinq-six
Un-deux....

on est à environ 780 mètres de la pièce qui a tiré.

4° Enfin on apprécie souvent la distance au moyen d'appareils spéciaux appelés *télémètres* ou télomètres.

230. — D. Quel est le télomètre réglementaire dans les batteries de campagne ?

R. C'est le télomètre imaginé par le colonel du génie *Goulier*.

Cet instrument est transporté dans la caisse aux instruments (V. 183); il est enfermé dans une boîte.

Quand le capitaine va, en avant de la batterie, mesurer l'éloignement du but, il se fait accompagner de sous-officiers sachant employer le télomètre et d'un trompette qui porte l'appareil au moyen de bretelles à la façon des havre-sacs des servants.

Ces bretelles sont attachées à un étui en cuir, qui est placé dans la caisse aux instruments et dans lequel ou introduit la boîte du télomètre.

La gaîne en cuir contient une instruction sur la manière d'opérer.

Les hommes gradés doivent d'ailleurs être exercés au maniement du télomètre.

Choix de la hausse et de la dérive; réglage du tir.

231. — D. La distance étant connue, comment en conclut-on la hausse qu'il faut donner?

R. La plupart des hausses portant une graduation en distances, on amène le bord biseauté du curseur vis-à-vis la division qui correspond à la distance trouvée.
— On peut se servir aussi de la graduation en millimètres.

Pour savoir le nombre de millimètres de hausse qui correspond à une distance déterminée, on a recours aux tables de tir (V. 232).

232. — D. Qu'est-ce qu'une *table de tir*?

R. C'est un tableau qui donne, entre autres renseignements, le nombre de millimètres de hausse et le nombre de millimètres de dérive qu'il faut donner pour tirer à une distance quelconque.

On lit cette distance dans une colonne intitulée *Portées*, on suit la ligne horizontale sur laquelle elle est inscrite, et on y trouve, dans les colonnes intitulées *Hausses* et *Dérives*, les nombres de millimètres de hausse et de dérive qu'on doit donner.

On trouve également en regard de la portée, dans

la colonne intitulée *Angles de tir*, le nombre de degrés (°) et de minutes (') qu'il faut donner au niveau de pointage, quand on emploie cet instrument pour donner l'angle.

Ces tables de tir sont insérées dans les règlements sur le service des bouches à feu. Elles sont reproduites en caractères indélébiles sur des feuillets en toile qui sont distribués aux officiers et sous-officiers de la batterie.

Ces tables sont établies par des *commissions d'expériences*, qui les établissent en relevant les points de chute d'un certain nombre de projectiles lancés sous différents angles par des pièces types.

Il y a trois commissions d'expériences pour l'artillerie de terre. Elles sont à *Bourges*, *Calais* et *Tarbes*.

233. — D. Les hausses contenues dans les tables de tir conviennent-elles à toutes les pièces?

R. Non : toutes les pièces d'un même modèle, malgré le soin qu'on peut mettre à leur fabrication, ne sont pas absolument semblables (V. 247) : aussi tirent-elles un peu différemment. On dit alors qu'elles ont un régime différent, parce qu'on appelle *régime* d'une pièce sa manière habituelle de tirer.

Le régime varie à mesure que la pièce se dégrade ; plus elle a servi, plus sa portée diminue, en général. Aussi aura-t-on une première idée du régime d'une pièce en sachant le nombre de coups qu'elle a tirés. Chaque année, après les écoles à feu, ou après une campagne, on inscrit ce nombre de coups sur le livret de la pièce.

234. — D. Que trouve-t-on en outre dans le livret d'une bouche à feu?

R. On y trouve le signalement de la bouche à feu, les renseignements sur son état de conservation et d'entretien, le détail de ses services et de ses mouvements.

235. — D. Quelle est l'influence du vent?

R. Cette influence est très-variable, mais elle peut être considérable. Quand le vent vient de face, il diminue la portée, il faut alors augmenter la hausse. Quand il vient d'arrière, il augmente la portée, et il faut alors diminuer la hausse.

Un vent venant de la droite (gauche) chasse le projectile à gauche (droite) ; il tend donc à corriger la dérivation si la pièce est rayée à droite (gauche), il l'augmente si la pièce est rayée à gauche (droite).

236. — D. Quelle est l'influence de l'inclinaison de l'axe des tourillons ?

R. Cette inclinaison, qui se produit quand les roues ne sont pas au même niveau, a pour effet de faire dévier le projectile du côté de la roue la plus basse. On recommande de corriger cette déviation en estimant, au jugé, de combien de millimètres un fil à plomb aboutissant au pied de la hausse s'écarterait de la tige à hauteur de la planchette mobile. Ceci fait, on n'a qu'à faire avancer la planchette mobile du même nombre de millimètres vers le côté de la roue la plus élevée.

Mais il est encore préférable de placer chaque fois les roues sensiblement à la même hauteur, de façon que leur différence de niveau n'entraîne pas une déviation appréciable du projectile.

237. — D. Comment peut-on juger si la hausse a été bien donnée ?

R. Si le pointeur est bon, on ne peut savoir comment la hausse a été donnée qu'en observant le tir.

L'observation directe du tir est impossible avec les mitrailleuses dont les projectiles sont trop petits et avec les bombes ou obus armés de fusées fusantes et qui éclatent en l'air.

Dans les autres cas, il peut être possible d'observer le tir ; il est indispensable de le faire aussi souvent et aussi exactement qu'on le peut.

238. — D. Comment observe-t-on le tir en général ?
R. La flamme et la fumée des projectiles à fusées per-

cutantes, le nuage de terre que soulève leur chute, permettent quelquefois d'apprécier si le coup est court ou long ; si la poussière cache le but, il est court; si le but se détache sur la poussière, le coup est long.

En se plaçant juste en arrière de la pièce, on reconnaît très-sûrement, en voyant tomber le projectile, si le coup est à droite ou à gauche. Malheureusement, la fumée de la pièce ne se dissipe pas toujours assez vite pour qu'on puisse le voir.

On se place toujours du côté d'où vient le vent.

En se mettant ainsi sur le côté, on peut se méprendre sur la position relative du point de chute et du but.

Pour un observateur placé à droite de la pièce, par exemple, tel coup paraîtra long qui sera court et fortement à droite, et tel autre coup paraîtra à gauche qui sera bien en direction, mais trop court.

On évite ces méprises en plaçant deux observateurs, l'un à la droite, l'autre à la gauche de la pièce ou mieux de la batterie, et en combinant leurs résultats. Ainsi, si l'observateur placé à droite voit le point de chute à droite du but, et que l'observateur de gauche l'aperçoive à gauche, le coup est certainement long.

Si l'observateur de droite voit le point de chute à gauche du but, et que l'observateur de gauche l'aperçoive à droite, le court est certainement court.

Si l'observateur de droite voit le point de chute bien dans la direction du but, le court sera court et à droite (long et à gauche), si l'observateur de gauche aperçoit le point de chute à droite (gauche) du but.

Ainsi, si on place comme observateurs deux canonniers ou deux gradés aux ailes de la batterie, ils devront indiquer, non pas ce qu'ils croient, mais bien exactement ce qu'ils voient. A cet effet, on leur recommande d'habitude de lever le bras gauche (droit) quand ils voient le projectile tomber à gauche (droite) du but.

En général, le pointeur et le chef de pièce se placent derrière la pièce sitôt le coup tiré, pendant qu'on fait à bras en avant, parce qu'on ne saurait employer trop de moyens pour chercher à observer les points de chute.

Dans les batteries de siége, comme l'épaulement empêche de voir le terrain en avant, les chefs des pièces et les pointeurs sont généralement conduits en dehors de la batterie, du côté d'où vient le vent, pour observer les coups.

Cette disposition se prend plutôt dans les écoles à feu qu'à la guerre. Dans ce dernier cas, il pourrait être dangereux de se présenter ainsi à découvert, et on serait dans de mauvaises conditions pour bien voir.

Aussi, dans les siéges, recommande-t-on de construire, sur un point suffisamment élevé, un *observatoire* qui, le plus souvent, consiste en une gabionnade de tranchée surmontée de sacs à terre, disposés en forme de créneaux.

La position de l'observatoire dépendant de la forme du terrain, il peut se trouver assez éloigné de la batterie: il faut alors le mettre en communication avec elle par le moyen de signaux (V. 99) ou même à l'aide d'appareils électriques.

Quand on tire sur des buts abrités derrière un épaulement, et dans les cas analogues, on ne pourra voir que les coups courts. Si, dans ces conditions, avec une pièce pointée dix fois identiquement de la même façon on constate que 4 ou 5 projectiles sont tombés dans le parapet sans qu'on ait vu les autres, c'est que très-probablement ces autres projectiles sont tombés derrière l'épaulement.

239. — D. Qu'est-ce qu'on appelle *réglage du tir* ?
R. C'est l'ensemble des opérations qui ont pour objet de modifier la hausse et la dérive données primitivement afin que la plus grande partie des coups, sinon la totalité (V. 215), arrive au but.

Le réglage du tir est fait par les officiers au moyen de renseignements qui leur sont fournis par les tables de tir dans des colonnes intitulées *Écarts probables*. Les sous-officiers qui ne sont pas exercés à se servir de ces indications et, à plus forte raison, les canonniers ne doivent jamais chercher à régler le tir. Ils doivent seulement présenter à leurs officiers les observations qu'ils ont pu recueillir.

Ils doivent bien se pénétrer de cette règle, se convaincant qu'un seul coup ne suffit pas à déterminer la précision du tir et que les coups d'une pièce, si bien pointée qu'on la suppose, au lieu de tomber tous au même point, se répartissent en formant un groupe dont la grandeur et le resserrement dépendent de la distance où on tire et des plus ou moins grandes qualités de la bouche à feu.

Le réglage en portée se fait soit au moyen de la manivelle (V. 220), soit en changeant la hausse.

Le réglage en direction se fait en modifiant la dérive. On peut, si l'écart observé est très-considérable, faire une première correction approximative par la méthode que voici :

On pointe la pièce avec la même hausse et la même dérive que précédemment. Puis, sans déranger la pièce, on fait glisser la planchette de manière que la ligne de mire passe à peu près à l'endroit où on a vu tomber les projectiles des coups précédents. Ceci fait, on pointe sur le but à battre avec la planchette ainsi disposée.

Cette correction, bien entendu, ne doit pas être faite sans l'ordre du chef de section.

Emploi des instruments de la batterie

240. — D. Se sert-on d'instruments pour l'observation des coups ?

R. Oui : la batterie emporte dans la caisse aux instruments une lunette qui est surtout destinée au capitaine ou aux lieutenants. Toutefois les gradés peuvent être appelés à s'en servir. En tous cas, ils doivent savoir la faire installer.

La batterie emporte aussi deux jumelles, dont

l'une est destinée à l'adjudant : il est bon que les sous-officiers sachent s'en servir.

On appelle *jumelles* deux lunettes accouplées ou jumelées, dont la longueur va généralement de 10 à 30 c., et dont l'écartement correspond à l'écartement ordinaire des yeux. Cet instrument est portatif, il est habituellement porté dans un étui muni d'une banderole qu'on place sur l'épaule en sautoir.

Pour se servir des jumelles, on applique les yeux devant les petits bouts des deux lunettes, et on tourne un bouton moleté en forme de pignon placé sur un arbre entre les deux lunettes, jusqu'à ce qu'on voie nettement les objets qui sont en avant. En faisant tourner ce bouton, on allonge ou on raccourcit, suivant le sens, la longueur des lunettes ; à chaque vue, correspond une bonne longueur qui donne le plus de netteté aux images. Généralement, on ne la donne pas du premier coup : on la dépasse. Alors l'image se brouille un peu. Il faut dans ce cas tourner en sens inverse : l'image redevient de plus en plus nette jusqu'à un certain moment où elle perd un peu sa netteté. Il faut alors changer le sens dans lequel on fait marcher le bouton moleté, et continuer ainsi jusqu'à ce qu'on soit arrivé par des mouvements de plus en plus faibles à bien disposer l'appareil pour sa vue. C'est ce qu'on appelle le *mettre au point*.

Quand les verres sont sales, on les essuie avec un gant d'ordonnance ou un morceau de peau ou de flanelle après les avoir ternis avec son haleine. C'est une précaution à prendre avec tous les verres d'optique.

244. — D. Comment installe-t-on la *lunette de batterie*.

R. Après avoir ouvert la caisse aux instruments et retiré le *trépied* articulé qui porte le *fût*, on développe les trois pieds autour de leurs articulations auxquelles on donne un peu de jeu, si elles sont trop dures, au moyen de la clef enfermée dans la caisse. Cette clef sert aussi pour l'articulation du fût.

On place le trépied en enfonçant le plus fortement

possible les pointes des pieds dans le sol pour lui donner la plus grande solidité qu'on peut.

On établit ensuite la lunette dans son fût et on l'y assujettit en la bouclant fortement au moyen des courroies et des contre-sanglons qui y sont fixés.

Avant de regarder, on lève au moyen de l'arrêtoir qui le retient la plaque qui couvre le petit bout de la lunette, et on enlève le couvercle qui protége le gros bout. Ceci fait, on tire, quand il y a du soleil, un manchon cylindrique en laiton noirci à l'intérieur qui empêche la réverbération.

On procède inversement pour remettre l'appareil dans la caisse aux instruments. On a bien soin d'abaisser la plaque et de remettre le couvercle pour empêcher les verres de se couvrir de poussière (V. 240).

Pour mettre la lunette au point (V. 240), on tire plus ou moins le bourrelet moleté qui est au petit bout. Il faut le repousser à fond pour remettre l'instrument dans la caisse.

242. — D. Qu'est-ce que la *boussole de batterie*?
R. C'est un instrument qui comprend : une boussole (proprement dite), une alidade nivelatrice, une planchette et son pied (analogue au trépied de la lunette de batterie).

La boussole est un appareil qui permet de s'orienter, c'est-à-dire de trouver à peu près la direction des quatre points cardinaux qui sont : le sud, le nord, l'est et l'ouest. Elle se compose essentiellement d'une boîte contenant une aiguille dont la pointe bleue se dirige à très-peu près vers le nord, quand la boussole est horizontale.

La boussole est ordinairement vissée sous la planchette pendant les transports. Pour l'employer on la visse sur la planchette. Une instruction, gravée sur le couvercle de la boîte, rappelle la manière de se servir de la boussole.

L'*alidade nivelatrice* sert à la fois de règle et de double décimètre : elle permet de *niveler*, c'est-à-dire de mesurer la différence de niveau entre le point où on est et un point éloigné. Il est en effet souvent utile de connaître de combien on est au-dessus ou au-dessous du but sur lequel on tire, car, pour une même portée, c'est-à-dire pour une même hausse, le coup sera court, si le but est plus haut que la pièce, et long si le but est plus bas.

Une instruction, collée sous l'alidade, indique le moyen de s'en servir.

L'alidade est transportée dans un fourreau en bois disposé sous la planchette. On l'en dégage en appuyant sur un ressort-loquet qui la maintient et on la pose sur la planchette, quand on veut niveler.

La planchette qu'on dispose sur son pied comme le fût de la lunette de batterie (V. 241) sert à supporter soit la boussole, soit l'alidade. Elle est recouverte d'une composition sur laquelle on peut facilement écrire au crayon. Enfin, elle peut servir aussi à porter une carte ou une feuille de papier sur laquelle on a à dessiner, à lever un plan, etc. — Dans ce cas, on fixe la carte ou le papier au moyen de bretelles en caoutchouc ou de pinces métalliques qui sont dans une boîte en bois blanc placée sous la planchette.

Cette boîte contient, en outre, un canif et un crayon retenus par une ficelle.

Tir contre un but mobile.

243. — D. Qu'y a-t-il de particulier à remarquer dans le pointage contre un but mobile ?

R. Quand le but se déplace obliquement ou de flanc par rapport à la batterie, le pointeur aidé du pointeur servant qui est à la crosse, suit constamment le mouvement du but. Tous deux ne rentrent à leurs postes qu'au moment où le coup va partir, de façon qu'il y ait le moins d'intervalle possible entre le moment où le pointage est achevé et celui où le coup tombe, surtout si la troupe sur laquelle on tire va vite ou si elle ne se présente pas sur une grande longueur.

Quand on doit tirer sur une troupe qui se déplace, on cherche à voir le chemin qu'elle suit et à apprécier les distances des points où on suppose qu'elle va passer.

On sait que la vitesse de marche de l'infanterie est d'environ 100 mètres par minute et que, dans le même temps, la cavalerie parcourt 250 mètres au trot et 350 mètres au galop.

Ces données permettent de juger au bout de combien de temps le but se sera déplacé d'une certaine longueur.

On ne doit pas, d'ailleurs, perdre de vue que le projectile n'arrive pas instantanément au but, mais qu'il met, pour y arriver, un certain nombre de secondes qui dépend de la distance parcourue et qui est donné dans les tables de tir, en regard de la portée, dans la colonne intitulée *Durée du trajet*.

Limite d'efficacité du tir.

244. — D. A partir de quelle limite le tir des divers projectiles cesse-t-il d'être efficace?

R. Aux grandes portées les projectiles perdent leur justesse, et c'est grand hasard quand ils touchent le but : on en gaspille beaucoup sans avoir chance d'atteindre l'ennemi (V. 52). Aussi ne doit-on pas s'étonner de voir que les officiers ne font pas riposter au feu d'une batterie éloignée. Cette batterie dépense ses munitions sans pouvoir faire grand mal. Si plus tard elle se rapproche, on pourra tirer sur elle dans de meilleures conditions, et on aura un grand nombre de coups à tirer, tandis qu'elle aura déjà consommé une partie des siens.

De plus, aux grandes distances, la vitesse des projectiles diminue et, par conséquent, ils ont moins de force. Ils en ont toujours assez pour faire mal aux hommes et aux chevaux, mais non pour démolir des maçonneries ou détruire des épaulements.

La vitesse qui reste au projectile quand il a parcouru une certaine distance est inscrite dans les tables de tir (V. 232) en regard de la portée, dans la colonne intitulée *Vitesses restantes*.

De la vitesse on conclut la force qui reste au projectile. Les obus lancés à une grande distance décrivent une trajectoire très-courbée et, partis sous un grand angle, ils tombent sous un angle encore plus grand. La valeur de cet angle est donnée dans les tables de tir (V. 232), en regard de la portée, dans la colonne intitulée *Angles de chute*.

Quand il est grand, le projectile s'enfonce profondément dans le sol et, dès lors, ses effets sont peu à craindre : il peut éclater sans faire autre chose que soulever la terre qui retient les éclats ou en amortit la force.

Le tir sous les grands angles fatigue énormément les affûts. Il exige souvent qu'on creuse des fossés où on place la crosse pour qu'elle soit plus basse que le bas des roues. C'est ce qu'on appelle *enterrer* la crosse. — Il faut aussi retirer les hausses de leur canal, limiter le recul, etc. On prend ces dispositions dans le tir *à toute volée*, qui est le tir à charge de guerre (V. 209) avec le plus grand angle limite (V. 126).

Ce tir est souvent employé dans les bombardements.

CHAPITRE VI.

Organisation et service de l'artillerie.

Composition d'une brigade d'artillerie.

245. — D. De quoi se compose l'artillerie d'un corps d'armée ?

R. De deux régiments appelés, l'un régiment de corps, l'autre régiment divisionnaire, et dont la réunion constitue une *brigade* d'artillerie.

L'artillerie d'un corps d'armée est commandée par un général de brigade.

> Les deux régiments de la brigade sont généralement en garnison dans la même ville pour la facilité de leur instruction. Leur réunion constitue une *Ecole* d'artillerie.

246. — D. Qu'est-ce qu'un *régiment d'artillerie de corps d'armée* ?

R. C'est un groupe de 10 batteries montées (V. 249) et de 3 batteries à cheval (V. 250) commandé par un colonel.

Les 10 premières batteries sont montées.

Les 11e, 12e et 13e batteries sont à cheval.

En cas de guerre, l'artillerie de corps reste

sous le commandement de son colonel, qui reçoit directement les ordres du général commandant le corps d'armée, par l'intermédiaire du général de brigade d'artillerie.

> Néanmoins une des trois batteries à cheval est mise sous les ordres directs d'un général de division de cavalerie (V. 443). On dit que cette batterie est *attachée à une division de cavalerie indépendante*.

247. — D. Qu'est-ce qu'un régiment d'artillerie divisionnaire ?

R. C'est un groupe de 10 batteries montées et de 3 batteries à pied, commandé par un colonel.

Les 3 premières batteries sont à pied (V. 248).

> En général, elles ne sont pas dans les mêmes villes de garnison que le régiment, mais elles sont soit dans les forts et les places dont la défense leur est confiée, soit en Algérie.
>
> L'artillerie du 19ᵉ corps, c'est-à-dire de l'Algérie, est à Vincennes, près de Paris. Elle est remplacée, sur le territoire de la colonie, par des batteries à pied provenant des régiments divisionnaires et qui sont organisées d'une façon spéciale : les unes en batteries montées, d'autres en batteries de montagne ou de côtes, etc.

En cas de guerre, les batteries montées se divisent en deux groupes :

Les batteries 4, 5, 6 et 7, ainsi que les sections de munitions n° 1 et n° 3 (V. 252) sont affectées à la première division d'infanterie du corps d'armée, sous le commandement du colonel qui relève directement du général de division commandant cette première division d'infanterie ;

Les batteries 8, 9, 10 et 11, ainsi que les sections de munitions n° 2 et n° 4, sont affectées à la deuxième division d'infanterie du corps d'armée, sous le commandement du lieutenant-colonel, qui reçoit directement les ordres du général commandant cette deuxième division d'infanterie.

Composition des batteries, compagnies, etc.

248. — D. Qu'est-ce qu'une batterie à pied ?
R. C'est une troupe d'artilleurs qui ne sont pas *montés* (c'est-à-dire qui n'ont pas de chevaux) et qu'on appelle *servants*.

La tenue des servants à pied se reconnaît à ce qu'ils ont le pantalon d'ordonnance en drap et des souliers maintenus par des guêtres : c'est la tenue des hommes *non montés*. Leur armement se compose du mousqueton avec sabre-baïonnette.

> Certaines batteries à pied ont le fusil à la place du mousqueton.
> Les gradés des batteries à pied, bien que n'étant pas destinés à monter à cheval, ont l'équipement et l'armement d'hommes montés (V. 249).

La batterie est commandée par un capitaine assisté de lieutenants. Elle est destinée au service des bouches à feu de siège, de place, de côtes et n'a pas un matériel qui lui soit spécialement affecté et la suive dans ses mouvements.

> L'artillerie de l'Algérie se compose de batteries à pied (V. 247).

249. — D. Qu'est-ce qu'une batterie montée ?
R. C'est une troupe d'artilleurs dont les uns sont des servants à pied destinés au service des bouches

à feu et les autres des *conducteurs* destinés à conduire en postillons (V. 175) les attelages qui trainent les pièces.

Les servants sont équipés en hommes non montés et les conducteurs en hommes montés, c'est-à-dire qu'ils portent le pantalon basané en cuir et les bottes éperonnées.

Leur armement se compose du *sabre* et du *pistolet-revolver* à six coups.

Les batteries montées, commandées par un capitaine assisté de lieutenants, servent six pièces de campagne généralement du plus fort calibre. Ces pièces leur sont affectées en permanence : en temps de paix, l'entretien et la conservation de ces bouches à feu est à leur charge. En temps de guerre, elles ont à les transporter sur les champs de bataille.

Les gradés sont montés sur des chevaux de selle et équipés en hommes montés.

> En temps de paix, dans les routes, les servants forment une *colonne à pied* qui marche d'ordinaire séparée, indépendamment des voitures qui constituent ce qu'on nomme la *colonne à cheval* (V. 297).
>
> A proximité de l'ennemi, les pelotons de servants marchent derrière la volée de leurs pièces ou à côté d'elles.
>
> Dans les mouvements rapides du champ de bataille, les servants sont portés par des sièges disposés à cet effet sur les couvercles des coffres.

250. — D. Qu'est-ce qu'une batterie à cheval ?

R. C'est une batterie qui ne diffère des batteries montées que par ce caractère principal : les servants des pièces, c'est-à-dire les hommes destinés à l'exécution de la bouche à feu, sont montés sur des chevaux de selle et, par conséquent, sont équipés comme les conducteurs : on les nomme *servants à cheval*.

Pendant l'exécution de la bouche à feu les chevaux des canonniers qui sont à la pièce sont tenus en main par deux servants supplémentaires appelés *garde-chevaux*.

Les batteries à cheval, destinées surtout à accompagner la cavalerie, à arriver les premières sur le champ de bataille et à se porter rapidement d'un point à un autre, ne sont armées que de pièces légères, c'est-à-dire de canons du plus faible calibre.

231. — D. Quelle est la composition des batteries en personnel ?

R. On distingue deux sortes de composition, savoir : l'*effectif* de paix ou *sur pied de paix* fixé par la loi du 13 mars 1874 et l'effectif de guerre ou *sur pied de guerre* qui est déterminé par des instructions ministérielles.

Le personnel d'une batterie se divise en deux parties, savoir : les hommes de cadre ou, tout simplement, les *cadres* et les *hommes de troupe*.

R. Sur pied de paix, une batterie à pied comprend 3 officiers, 26 hommes de cadre et 72 servants (dont un tiers, au plus, de première classe). Les hommes de cadre se composent de :

    1 maréchal des logis chef,
    1 sous-chef artificier,
    6 maréchaux des logis,
    1 fourrier,
    6 brigadiers,
    5 artificiers,
    4 ouvriers en fer et en bois,
    2 trompettes.

Dans chaque batterie, il y a un ouvrier tailleur et un ouvrier bottier qui comptent dans le rang.

Dans les batteries de campagne, il y a 4 officiers, 33 hommes de cadre et environ 70 canonniers (servants ou conducteurs).

Les cadres sont les mêmes que dans les batteries à pied, sauf qu'il y a en plus :

       1 adjudant,
       1 second fourrier,
       1 septième brigadier,
       1 brigadier maréchal ferrant,
       1 aide-maréchal ferrant,
       2 bourreliers.

Les batteries montées comptent 60 chevaux, savoir :

       6 d'officiers,
      22 de selle,
      32 de trait.

Les batteries à cheval en comptent 86, savoir :

       6 d'officiers,
      52 de selle,
      28 de trait.

On peut se faire une idée des effectifs sur pied de guerre d'après le matériel emporté : ainsi, dans une batterie montée, il y a dix-huit voitures attelées à 6 chevaux et trois ou quatre fourgons attelés à 2 chevaux (V. 153) : c'est donc un total de près de 120 chevaux de trait, et la batterie emmène un certain nombre d'attelages disponibles ou, comme on dit, *haut le pied.*

Ces 120 chevaux groupés par attelages correspondent à 60 conducteurs, sans compter les ordonnances et les conducteurs de réserve, ce qui fait bien un minimum de 75.

Les servants, au nombre de six par pièce, sont donc une cinquantaine environ; et il faut encore y ajouter quelques hommes de remplacement, les cuisiniers, les tailleurs, les bottiers, etc., ce qui fait monter le total à près de 60.

Ainsi une batterie montée sur pied de guerre compte 4 officiers (un capitaine et 3 lieutenants ou sous-lieutenants dont 1 de réserve), une trentaine d'hommes de cadre et au moins 135 hommes de troupe, soit un effectif total de plus de 175 hommes.

L'effectif des chevaux est d'au moins 160, parce qu'il y a bien une trentaine de chevaux pour les officiers et les cadres.

252. — D. Quelle est la composition en matériel d'une batterie de campagne?

R. Chaque batterie comprend:

    6 pièces,
    9 caissons,
    1 forge (pour le matériel et le ferrage),
    1 chariot de batterie,
    1 chariot-fourragère,
 2, 3, ou 4 fourgons (à 2 chevaux).

Total 20, 21, ou 22 voitures.

Les fourgons sont destinés au transport des vivres de réserve. Les batteries qui en ont un quatrième y transportent les bagages de plusieurs batteries à la fois (de 4 batteries, en général).

Une des batteries à cheval affectées à la division de cavalerie indépendante emmène en outre le chariot qui contient la dynamite et les accessoires nécessaires à son emploi (V. 443).

Cette batterie n'a que 6 caissons.

253. — D. Qu'est-ce qu'une *section de munitions* ?

R. C'est une troupe chargée de conduire un assez grand nombre de voitures. La plus grande partie de ces voitures est composée de caissons.

On distingue les sections de munitions d'artillerie et les sections de munitions d'infanterie.

Une section de munitions d'artillerie comprend :

    15 caissons de munitions,
    4 affûts de rechange,
    1 forge,
    1 chariot de batterie,
    1 chariot-fourragère.

Total 22 voitures toutes attelées à 6 chevaux (sans compter les fourgons).

On en conclut qu'une section de munitions d'artillerie compte au moins 150 chevaux, ce qui correspond à plus de 75 conducteurs. Avec les cadres et les quelques hommes haut le pied nécessaires pour effectuer les mouvements de matériel, l'effectif ne peut guère être inférieur à 180 hommes et 280 chevaux.

Une section de munitions d'infanterie comprend :

    32 caissons d'infanterie (à 4 chevaux),
    1 chariot de batterie (à 4 chevaux),
    1 forge (à 4 chevaux),
    1 chariot-fourragère (à 6 chevaux).

Total 35 voitures (sans compter les fourgons).

Ce nombre correspond à environ 150 chevaux et 75 conducteurs au moins.

Ces sections ne sont organisées qu'au moment d'une mobilisation : les sections de munitions 3, 4, 5 et 6 sont d'artillerie ; les sections 1 et 2 d'infanterie.

Les sections 1, 2, 3 et 4 sont fournies par le régiment divisionnaire, et les sections 5, 6 et 7 par le régiment de corps.

254. — D. Qu'est-ce qu'une *compagnie du train d'artillerie?*

R. C'est une troupe dont l'effectif de paix est de 4 officiers, 24 hommes de cadre et 63 soldats (dont un cinquième de première classe). La compagnie compte 45 chevaux, dont :

      6 d'officiers,
    19 de selle,
    20 de trait.

L'uniforme des conducteurs du train ne diffère de l'uniforme des canonniers conducteurs que par le métal des boutons, qui est blanc, et la suppression des parements rouges au dolman.

Leur instruction est à peu près la même, sauf qu'ils sont exercés aux manœuvres de force de siége et qu'ils n'apprennent que très-rapidement les manœuvres de campagne.

Ils sont armés de la *carabine* et du sabre.

Les gradés ont le sabre et le revolver, comme dans l'artillerie.

Les compagnies du train sont destinées à atteler les voitures des parcs (V. 255) et des équipages de pont (V. 256).

Les compagnies du train sont, en temps de paix, au nombre de trois et portent les n°s 1, 3 et 5.

La 1re est placée sous les ordres du colonel du

régiment divisionnaire, pour l'administration et la discipline. On dit qu'elle est *à la suite* du régiment divisionnaire.

La 3e et la 5e compagnies sont à la suite du régiment de corps.

En cas de guerre, la 1re compagnie se *dédouble* en deux ; l'une garde le n° 1, l'autre prend le n° 2. Les autres compagnies se dédoublent de même.

255. — D. Qu'est-ce que le *parc de corps d'armée?*

R. C'est l'ensemble des réserves destinées tant aux batteries divisionnaires qu'aux batteries de corps.

Le matériel du parc ne comprend pas moins de 175 voitures attelées les unes à 4, les autres à 6 chevaux. Ce sont des affûts de rechange, des caissons à munitions (d'artillerie et d'infanterie), des caissons à munitions pour revolvers, des forges, des chariots de parc, des chariots-fourragères.

Le personnel nécessaire pour atteler et conduire ces voitures est fourni par les compagnies du train qui portent les n°s 3, 4, 5 et 6, provenant du régiment de corps.

Le personnel nécessaire pour le transbordement des munitions, les réparations du matériel, la garde du parc, les corvées, etc., comprend d'ordinaire une centaine d'hommes, savoir : un détachement d'une compagnie d'artificiers (une quinzaine), un détachement d'une compagnie d'ouvriers (une vingtaine), et la section à pied provenant de la 3e batterie du régiment de corps. (V. 246).

Le parc est sous le commandement du lieutenant-colonel de ce régiment.

En temps de paix, cet officier a la direction de l'école d'artillerie, c'est-à-dire des instructions communes aux deux régiments de la brigade. Il est chargé, en outre, des *hangars* qui renferment le matériel des deux régiments (sans compter les réserves, les équipages de pont, le matériel de l'armée territoriale, etc.) et des *ateliers* destinés à la réparation de ces nombreuses voitures.

256. — D. Qu'est-ce qu'un *équipage de ponts ?*

R. C'est l'ensemble des voitures portant le matériel nécessaire à l'établissement de ponts de bateaux ou de chevalets (V. 195 et 196).

Il en existe deux classes :

1° L'équipage de pont *de corps d'armée* comprenant :

24 haquets,
15 chariots de parc,
2 forges pour le matériel,
1 forge pour le ferrage des chevaux,
1 chariot de parc à hautes ridelles pour le transport du harnachement,
1 chariot-fourragère,
6 fourgons à vivres,
1 fourgon à bagages.

Total 48 voitures.

2° L'équipage de pont *d'armée* formé par la réunion de deux équipages de pont de corps d'armée et comprenant, par conséquent, 76 voitures.

Mobilisation.

257. — D. Qu'appelle-t-on *mobilisation* ?

R. C'est le passage du pied de paix au pied de guerre (V. 254), ce qui correspond à deux opérations distinctes : 1° passer de l'effectif de paix à l'effectif de guerre, en complétant les batteries au moyen des officiers, cadres et hommes de troupe de la réserve, ainsi que des chevaux de réquisition ; 2° organiser par dédoublement les sections de munitions et les batteries ou compagnies qui n'existent pas en temps ordinaire.

258. — D. Qu'appelle-t-on *période de préparation à la mobilisation* ?

R. C'est une époque pendant laquelle on s'attend de jour en jour à la déclaration de guerre et pendant laquelle on fait le plus de préparatifs possible pour faciliter le passage du pied de paix au pied de guerre.

259. — D. Quelles sont les principales opérations dont se compose la mobilisation d'une batterie ?

R. Il y a à recevoir, habiller, armer, équiper les réservistes qui sont classés dans la batterie, à les répartir dans les pièces, à confier à certains d'entre eux du harnachement.

Il y a à recevoir, ferrer et harnacher les chevaux de réquisition.

Il y a à toucher le matériel qui, généralement, est remisé sous des hangars appartenant à l'Ecole d'artillerie (V. 255), ainsi que les réserves et les munitions.

On a droit à 18 cartouches par mousqueton et à autant par revolver, dans l'artillerie, — à 38 par carabine et à 30 par revolver, dans le train.

Les hommes versent en échange les cartouches de sûreté qu'ils ont en temps de paix.

D'autres opérations accessoires ont lieu en même temps : les hommes déposent au magasin les effets qu'ils n'emportent pas en campagne (shakos (1), dolmans, effets de petit équipement en excédant, brosses en chiendent, deuxième pantalon de cheval, etc.).

Il y a à échanger les effets en service contre de neufs, à toucher les bourgerons des sous-officiers, etc.

260. — D. Comment sont convoqués les réservistes?
R. Dès que la guerre est déclarée, le Ministre de la guerre donne l'ordre de mobiliser. Cet ordre est annoncé partout télégraphiquement : la dépêche indique en outre la date du 1er jour de la mobilisation. Ce jour se termine à minuit, quelle que soit l'heure à laquelle la dépêche est reçue.

Aussitôt l'ordre arrivé, la gendarmerie parcourt les villages, fait sonner les cloches, fait afficher des placards indiquant la date du 1er jour de la mobilisation et rappelant à tous les citoyens ce qu'ils ont à faire dans ce grave moment.

Les crieurs publics, les trompettes de ville sont requis pour donner lecture de ces instructions.

Le réserviste consulte alors l'ordre de route libellé à la page 65 (ou suivante) de son livret individuel qu'il a entre les mains. Cet ordre lui prescrit d'être rendu à un endroit déterminé à tel jour et telle heure de la mobilisation.

Au jour dit, avant l'heure prescrite, le réserviste doit se rendre au point qui lui est assigné. La production de son ordre de route lui permet, s'il en est éloigné, de s'y rendre gratuitement par le chemin de fer.

Quand l'homme change de résidence, il faut naturellement modifier son ordre de route, c'est-à-dire lui indiquer un autre point de rassemblement ou changer la date de sa convocation. Aussi, en pareil cas, est-il tenu de déclarer à la gendarmerie le nouveau domicile qu'il choisit et en même temps de lui remettre son livret.

Ce livret est rectifié conformément à sa déclara-

---

(1) Dans les batteries à cheval, le shako est emporté.

tion et lui est renvoyé par les soins de la gendarmerie.

261. — D. Comment les réservistes sont-ils mis en route ?

R. Quand ils sont domiciliés à moins de 24 kilomètres du corps dont ils font partie, ils s'y rendent directement et isolément. Dans ce cas, ils reçoivent en arrivant dans leurs batteries une indemnité de 1 fr. 25, quelle que soit la distance qu'ils ont eu à parcourir.

Cette indemnité comprenant les frais de leur nourriture pour le jour de leur arrivée, le capitaine est en droit d'en retenir une partie, si, ce jour-là, il leur fait donner la soupe.

Quand les réservistes habitent à plus de 24 kilomètres de leurs corps, ils forment des détachements. Ceux d'entre eux qui sont gradés prennent le commandement des différentes fractions du détachement. A cet effet, ils reçoivent autant que possible, en arrivant au point de rassemblement, une tenue qui porte les insignes de leur grade.

Les chefs de détachements reçoivent par les soins des bureaux de recrutement et distribuent à leurs hommes des indemnités proportionnées au nombre de jours employés par ces hommes pour rejoindre le point de rassemblement (1 fr. 25 par jour).

262. — D. Comment sont désignés les chevaux de réquisition ?

R. Le complément des chevaux et des mulets nécessaires à l'armée en temps de guerre s'obtient au moyen d'achats de gré à gré et, si l'on ne peut s'entendre sur le prix, par voie de réquisition.

Tous les ans des commissions composées d'un officier et d'un délégué civil assistés d'un vétérinaire (civil ou militaire) vont de commune en commune et se font présenter tous les chevaux de la commune. Ces commissions indiquent le genre de service auquel chacun d'eux est le plus propre, l'arme à laquelle il convient, etc. D'après ces données, le recrutement établit des *listes de réquisition*.

9.

263. — D. Comment sont réunis les chevaux de réquisition?

R. En cas de mobilisation, les animaux portés sur les listes de réquisition (V. 262) sont présentés par leurs propriétaires, au jour fixé par l'autorité militaire et au point désigné par elle, devant une commission chargée de conclure le marché, s'il y a lieu, et de prendre le cheval par réquisition, en cas de refus.

264. — D. Comment les chevaux sont-il mis en route pour leurs corps respectifs?

R. Ils sont conduits par des hommes appartenant en général aux troupes à cheval de l'armée territoriale.

Ces hommes sont désignés à l'avance à raison d'un pour 3 ou 4 chevaux.

Les cadres de conduite des détachements sont fournis également par des sous-officiers et des brigadiers de même provenance.

Le président de la commission de réception remet au chef du détachement les sommes nécessaires au paiement de l'indemnité due aux conducteurs, ainsi que des bons de fourrage pour la nourriture des chevaux.

Ceux-ci sont conduits généralement par les routes, rarement par chemin de fer, à leur destination.

A leur arrivée, ils sont répartis dans les batteries, en commençant par celles qui doivent partir les premières.

Ils sont immatriculés. On marque leur encolure au numéro du régiment, leur sabot antérieur droit au numéro de la batterie et leur sabot antérieur gauche à leur numéro matricule.

265. — D. Comment procède-t-on à l'habillement des réservistes?

R. Comme à l'habillement des hommes de recrue, sauf qu'on met moins de soin à l'ajustage des vêtements et qu'on ne marque pas les effets d'après les principes usités en temps de paix.

L'habillement reçoit simplement le numéro matri-

— 155 —

cule de l'homme auquel il appartient, ce numéro étant précédé d'un zéro.

266. — D. Comment sont armés les réservistes ?

R. Comme les autres hommes : avec le mousqueton, s'ils sont servants, — avec le sabre et le revolver, s'ils sont montés.

267. — D. Comment procède-t-on à l'équipement des réservistes ?

R. Comme à l'équipement des hommes de recrue en temps de paix, sauf les différences que voici :

Tous les effets de grand équipement d'un même homme portent le même numéro de série.

Les principaux effets de petit équipement sont seuls marqués : leur marquage doit être fait par les soins de l'homme.

Les réservistes qui arrivent au corps avec de la chaussure, des chemises ou des caleçons en bon état, sont autorisés à les faire entrer en compte dans le complet du linge et de la chaussure dont ils doivent être réglementairement pourvus. Il leur est alloué, dans ce cas, à titre d'indemnité :

Par paire de chaussures ... 3 fr. 00
Par chemise. 1   00
Par caleçon. 0   80
Par mouchoir. 0   20

268. — D. Comment sont harnachés les chevaux de réserve ?

R. Comme les chevaux qu'on a à harnacher en temps de paix, en tenant compte toutefois de l'amaigrissement que les premières fatigues de la campagne ne peuvent manquer de produire ; ainsi on devra essayer les sangles sans mettre la couverture sous la selle, etc.

Tout le harnachement d'un même cheval porte le même numéro de série. L'inscription est donc facile à faire : il suffit de mettre une unité en regard de chaque objet délivré, sauf en regard d'un en face duquel on inscrit le numéro de série commun à tous les effets de harnachement du cheval).

269. — D. Quel est le matériel que les batteries ont à toucher en se mobilisant ?

R. En dehors de leurs voitures qui constituent leur *matériel de guerre*, les batteries ont à toucher des *ferrures de réserve*, dont l'approvisionnement est préparé à l'avance, des *accessoires pour l'embarquement en chemin de fer* (V. 324), etc.

Le matériel se prend en charge d'après des formalités réglementaires, après une visite contradictoire (V. 333).

270. — D. De quoi se composent les vivres et les fourrages de réserve ?

R. La *ration de vivres de campagne* est de :

    40 à 45 grammes de riz.
    16   —   de sel.
    21   —   de sucre.
    16   —   de café torréfié.

Les hommes reçoivent, en outre, par jour :

    750 grammes de biscuit.
    200 grammes de viande de conserve.

Le seul fourrage de réserve est l'avoine. La ration est de $5^k,600$. Elle est placée dans le bissac.

271. — D. En quoi consiste le doublement des batteries et des compagnies ?

R. Une partie des officiers, sous-officiers et hommes de troupe est détachée de la batterie ou de la compagnie et sert de noyau à une autre batterie, à une section de munitions ou à une nouvelle compagnie.

272. — D. Qu'entend-on par *service en campagne* ?

R. C'est l'ensemble des fonctions et des devoirs

des officiers, sous-officiers, brigadiers et canonniers dans la guerre de campagne.

De même le *service dans les siéges* est l'ensemble de leurs fonctions et de leurs devoirs dans les siéges.

De même enfin le *service dans la défense des places et des côtes* est l'ensemble des fonctions et des devoirs des artilleurs placés dans des places fortes ou dans des batteries de côtes.

CHAPITRE VII.

Conduite des batteries et des parcs : service en campagne.

Service de route.

273. — D. Quel est le service d'un brigadier chef de voiture avant le départ?

R. Après avoir fait faire aux chevaux le pansage prescrit et avoir veillé à leur repas, il les fait garnir et les amène à l'heure indiquée au point de rassemblement. Il doit éviter de les faire harnacher trop tôt pour ne pas les fatiguer inutilement.

Le brigadier fait atteler et veille à ce que les dispositions réglementaires soient prises. Quand des chevaux sont blessés, il porte son attention sur la façon dont ils sont harnachés et prend les mesures nécessaires pour empêcher le mal de s'aggraver (V. 280).

Il passe l'inspection de la voiture, examine si le chargement est bien fait, si tous les armements sont bien à leur place et solidement maintenus.

> Quand on donne l'ordre d'arrimer les sacs des servants sur les coffres, les chefs de caissons sont chargés d'en assurer l'exécution.

274. — D. Quel est le service d'un chef de pièce avant le départ ?

R. Le même que pour tout chef de voiture (V. 273). Le chef de pièce doit, en outre, s'assurer que le peloton de la pièce est bien formé, que les servants ont leurs armements. Il doit lui-même avoir une clef de coffre et une table de tir.

En reconnaissant le chargement de sa voiture, il doit examiner si toutes les parties fonctionnent bien, si les cadenas s'ouvrent facilement, si la vis de pointage joue sans peine, si la culasse s'ouvre aisément.

— Il fait placer le couvre-bouche et le couvre-culasse, s'il y a lieu, et veille à ce que la pièce occupe sa position de route. (V. 134).

275. — D. Quel est le service d'un chef de voiture pendant la route ?

R. Il maintient sa voiture à sa distance et en file derrière celle qui précède. Il veille à ce que les conducteurs ne s'endorment pas, à ce qu'ils tiennent leurs chevaux en main, à ce qu'ils les fassent tirer bien également. Il empêche également les hommes montés sur les coffres de se laisser aller au sommeil.

La colonne suit d'ordinaire la droite de la route de façon à laisser le côté gauche libre pour permettre de doubler ou de croiser la colonne. Toutefois il importe de ne pas suivre le bord de l'accotement, ce qui fatiguerait beaucoup la roue droite, à cause de la forme bombée de la chaussée. On se contente habituellement d'exiger que la roue gauche de la voiture suive le milieu du chemin.

Les conducteurs qui se laissent aller au sommeil peuvent laisser tomber leurs chevaux. De plus, ils finissent presque toujours par blesser leur porteur, parce qu'ils cessent de se maintenir d'aplomb et carrément en selle, ce qui déplace le harnachement, occasionne des plis, etc.

Les servants assis sur les coffres sont exposés, s'ils

s'endorment, à tomber au moindre à-coup. En tous cas, ils risquent de dégrader leurs effets, surtout leurs armes.

Le service d'un chef de pièce pendant la route est le même que celui de tout chef de voiture.

Il porte son attention sur les ferrures porte-armements qui se faussent fréquemment pendant les routes.

276. — D. En quoi consiste le service d'un brigadier chef de voiture pendant les haltes ?
R. Il passe l'inspection des chevaux.

Pour un attelage de derrière, par exemple, il se place à la fesse gauche du porteur, soulève l'avaloire et touche la croupe pour voir si elle est échauffée ou écorchée, dégage le trait pour s'assurer qu'il ne frotte pas, passe la main droite sous la croupière pour constater si elle est convenablement tendue, glisse cette main sous le porte-manteau pour voir s'il porte sur le rein du cheval.

Avant d'aller plus loin, il regarde la ferrure des pieds de derrière et porte son attention sur le boulet, pour reconnaître si le cheval s'est coupé.

Ceci fait, il passe à la selle. Il glisse sa main pour tâter si la couverture ne fait pas de plis et si le quartier de la selle n'est pas retourné, ce qui arrive parfois lorsqu'on a sellé précipitamment, et surtout sans y voir bien clair. Il examine si les sangles sont trop lâches et si elles ont glissé trop avant, regarde avec soin si la couverture touche le garot, soulève le corps de bricole pour voir si le poitrail est échauffé ou écorché.

Il lève le pied antérieur gauche du cheval pour voir la ferrure et les atteintes.

Il regarde si la bride blesse le cheval.

Passant ensuite entre le porteur et le sous-verge et enfin à la droite de ce dernier, il achève l'inspection de l'attelage d'une manière analogue.

Il est clair qu'une semblable inspection doit être faite avant le départ si on a le temps, ce qui ne doit pas empêcher de recommencer à chaque halte, sauf pour ce qui est du pli du quartier de la selle.

Pourtant, on peut dire qu'en général le harnachement doit être ajusté avec grand soin à la première halte, mais qu'à partir de là il faut éviter d'y toucher jusqu'à l'arrivée à l'étape, parce que de trop fréquentes manipulations amènent de nouveaux frottements et peuvent blesser le cheval.

Ainsi, à la suite d'une heure de marche, le cheval le mieux sanglé se dégonfle, et il faut resserrer les sangles. Aux haltes suivantes, il est bon de ne pas les resserrer, même si elles prennent du jeu.

Il passe rapidement la revue du personnel et du matériel qui lui sont confiés, examine si tout est complet, et si le chargement est suffisamment maintenu.

S'il est prévenu que la halte est de longue durée, il fait abattre les servantes, dérêner les sous-verges et même décrocher les gourmettes.

Si la route est en pente, il fait caler les roues. Il laisse toujours au moins un conducteur pour les trois attelages de la voiture, et il confie son cheval à ce conducteur.

> Les chevaux de selle ne doivent jamais être attachés aux voitures, aux raies des roues, par exemple : ils doivent être tenus en main à raison d'un conducteur pour 4 chevaux au plus.
>
> Le brigadier doit faire relever le conducteur par un autre homme pendant la halte. Si celle-ci doit durer une demi-heure, par exemple, les trois conducteurs alternent généralement, chacun d'eux restant 10 minutes de garde auprès des chevaux.

277. — D. En quoi consiste le service d'un chef de pièce pendant les haltes ?

R. Il a les mêmes fonctions et les mêmes devoirs que tout chef de voiture.

Avec les affûts de 80 et de 90, il faut apporter une

attention spéciale à la propreté de la vis de pointage (V. 131).

278. — D. Quel est le service d'un chef de voiture à l'arrivée?

R. Il réunit ses attelages, les emmène dans l'écurie qui lui est désignée. Les brigadiers se conforment, pour le pansage, le fourrage, les appels, le logements des hommes et des chevaux, aux ordres qu'ils reçoivent de leurs chefs de pièce.

Toutefois, ils ont à s'occuper de faire mettre, dans le courant de la journée, leur voiture en état du propreté et prête à repartir.

Ils sont responsables du chargement jusqu'à ce que la garde du parc soit constituée.

279. — D. Quel est le service du chef de pièce à l'arrivée?

R. Il réunit les chevaux comptant à sa pièce, les conduit à l'écurie qui leur est assignée ou les fait mettre à la corde, suivant l'ordre qu'il reçoit. Il les fait dessangler et déharnacher, leur fait distribuer les repas et les mène à l'abreuvoir aux heures qu'on lui prescrit.

Il commande le nombre de gardes d'écurie nécessaires (un par 12 chevaux, au moins).

Il réunit ses hommes pour le fourrage et les appels, le service se faisant généralement par pièce.

Il assure le logement de ses hommes, reçoit et transmet leurs réclamations, s'il y a lieu. Si la batterie fait ordinaire (V. 282), il veille à ce que sa pièce reçoive sa part des distributions faites, il dirige l'installation des cuisines et s'assure que la répartition est faite équitablement.

Enfin il reçoit la solde et distribue à chacun ce qui lui revient. La distribution du prêt se fait ordinairement à l'arrivée au gîte.

280. — D. Comment surveille-t-on un attelage en route ?

R. Au départ, on veille à ce que les traits soient également tendus, afin que l'attelage fasse effort en même temps et sans à-coup.

Les à-coup répétés finissent par casser les traits.

Pendant la route, il faut encore que les traits soient tendus, même quand les chevaux de devant ne tirent pas (descentes et tournants), pour éviter que les chevaux de derrière ne s'empêtrent.

Les chevaux doivent toujours être dans les traits et tirer également.

On dit qu'un cheval *est dans les traits* quand le crochet tête de trait porte sur le dé de longe.

Les conducteurs inexpérimentés laissent le porteur se fatiguer plus vite que le sous-verge.

On évite de faire desseller avant que le cheval soit sec et on bouchonne dès qu'on a dessellé. Peu après avoir enlevé la selle, on voit quelquefois des bosses se produire sur les côtes ou au passage des sangles. On doit alors appliquer sur la partie gonflée une éponge ou une poignée de gazon mouillée avec de l'eau ou de l'urine ; on l'assujettit par la sangle. On écarte celle-ci du garot par l'interposition d'une couronne de paille sur laquelle on la fait porter.

On enlève le rembourrage de la selle correspondant au point qui a causé l'enflure. En général, chaque fois que le harnachement a causé une blessure, on cherche à en éviter l'aggravation en modifiant la partie du harnais qui a blessé le cheval.

Quand le corps de bricole ou l'avaloire blesse le cheval, on les relève ou on les abaisse plus ou moins. On peut aussi leur donner du jeu en desserrant la plate-longe. On peut encore placer entre le cuir et le cheval un morceau de peau de mouton garni de sa toison.

Cette précaution est également bonne à prendre pour un trait qui écorche la cuisse du cheval.

On évite parfois des blessures au poitrail par l'expédient suivant : on gratte le feutre de la bricole avec un couteau pour mettre le cuir à nu, et on le frotte à sec avec du savon. La sueur du cheval fait fondre le savon, et il se forme une écume qui adoucit le frottement du feutre.

Quand un cheval se coupe, on lui attache au-dessus du boulet une *guêtre*, pièce de cuir souple qui reçoit les atteintes et en amortit l'effet.

On peut prendre un nombre infini de moyens pour empêcher les blessures de chevaux. Mais on évite par une surveillance constante qu'elles se produisent et surtout qu'elles s'aggravent. On doit, si légères qu'on les trouve, en rendre compte aux officiers.

Ceux-ci, dans bien des cas, sauront éviter l'aggravation du mal en ordonnant des changements, en faisant prendre les porteurs pour sous-verges, ou inversement, en accouplant des chevaux dépareillés, en faisant atteler certains attelages de devant ou du milieu à la place d'autres, en faisant mettre certains chevaux haut le pied, etc.

281. — D. En quoi consiste la surveillance d'une voiture et du matériel qu'elle porte ?

R. On doit veiller à ce que les objets portés extérieurement soient solidement maintenus en place et ne tombent pas.

Les coffres doivent être ouverts de temps en temps : on y examine les outils et rechanges, les porte-charges et les porte-obus. On signale les sachets qui tamisent.

Les ferrures porte-armements se faussent souvent : il faut s'assurer qu'on peut sortir et remettre en place les différents armements, etc., etc.

Les roues doivent être graissées tous les cinq jours (V. 164).

Si, pendant la route, on les a entendu crier, on les fait graisser à l'étape.

Quand on s'est servi fréquemment du sabot d'enrayage, on porte son attention sur l'état de la semelle, afin d'en provoquer le remplacement dès qu'elle est devenue trop mince.

> Les chefs de voitures ne sont généralement pas astreints pendant la route à rester botte à botte avec le conducteur de devant : pour exercer leur surveillance d'une façon efficace, il faut que, de temps à autre, ils laissent leur voiture défiler devant eux.

282. — D. Comment sont logés les hommes en campagne ?

R. Ils sont cantonnés ou bivouaqués : *cantonnés*, quand ils sont répartis par groupes dans des maisons, granges, etc., où ils sont couchés généralement sur la paille ; *bivouaqués*, quand ils couchent en plein air ou sous de petites tentes.

283. — D. Comment sont logés les chevaux ?

R. Dans les écuries ou à la corde.

> Dans les écuries, on compte qu'il faut un mètre (un grand pas) de mangeoire par cheval. Si l'écurie a plus de cinq mètres de large, on peut y établir les chevaux sur deux rangées.
>
> Pour mettre les chevaux à la corde, une batterie montée de 5 ou de 7 dispose de 7 cordes de 46 mètres de long. A chacune d'elles on peut attacher 46 chevaux en n'en plaçant que d'un seul côté, ou de 25 à 30 en en plaçant de part et d'autre (V. 182).
>
> Pour installer une corde à chevaux, on l'engage par son T dans les anneaux des frettes, et on la soutient à 80 centimètres environ au-dessus du sol, au moyen des deux grands piquets enfoncés solidement et d'aplomb. Elle est ensuite tendue aussi fortement que possible, à l'aide des deux petits piquets qu'on chasse

obliquement en terre jusqu'à leurs anneaux, à 1 mètre environ en dehors et dans le prolongement des premiers.

Pendant qu'on enfonce le dernier petit piquet, il faut que plusieurs hommes, lui tournant le dos, tirent fortement sur la corde, car il importe qu'une fois installée, la corde soit bien tendue de peur que les chevaux ne s'y empêtrent.

284. — D. Comment est-il pourvu à la nourriture des hommes?

R. Leur solde peut leur être donnée en entier, et alors ils se nourrissent à leurs frais, ou bien le capitaine prélève une partie de leur solde et fait acheter et préparer ce qu'il juge convenable pour la nourriture de sa batterie. C'est ce qu'on appelle *faire ordinaire* (V. 279).

De plus, les hommes emportent avec eux des vivres de campagne (V. 270), sous le nom de *vivres du sac*.

Enfin les fourgons à la suite de chaque batterie en transportent un approvisionnement : ce sont les *vivres de réserve*. Ils sont destinés au cas où les ressources manqueraient et où les distributions se feraient mal. Mais on n'a pas le droit d'entamer ces réserves sans en recevoir l'ordre.

En dehors des vivres de campagne, il est distribué de l'eau-de-vie aux troupes.

La plupart des ustensiles de cuisine (marmites, bidons et gamelles de campement, moulins à café) sont portés par les sous-verges et exceptionnellement par les servants.

Les ustensiles placés sur les havre-sacs ont l'inconvénient de gêner leur arrimage sur les coffres.

285. — D. Comment est-il pourvu à la nourriture des chevaux ?

R. En général, le fourrage est fourni par l'intendance. Le chariot-fourragère est destiné à en transporter un approvisionnement. Les fourgons portent des sacs d'avoine de réserve. Mais on n'a pas le droit d'entamer ces réserves sans en recevoir l'ordre.

Quelquefois les chevaux sont menés au vert. D'autres fois le fourrage vert est fauché (V. 183).

> Les chevaux mangent l'avoine dans des *musettes-mangeoires*. Il faut veiller à ne pas trop les remplir, ce qui pourrait provoquer l'étouffement du cheval. Il faut aussi que la courroie de dessus de tête qui retient la musette ne soit pas trop lâche parce qu'alors le cheval secoue la tête pour attraper l'avoine qui reste au fond, et celle-ci se répand et se perd.
> Les chevaux sont menés à l'abreuvoir où boivent l'eau dans des seaux d'abreuvoir. (V. 183).

286. — D. Quels sont les accidents qui surviennent le plus fréquemment pendant la marche ?

R. C'est surtout la rupture des traits par suite d'un à-coup (V. 280) ou la rupture d'un timon dans un tournant (V. 170).

Il arrive aussi fréquemment qu'un cheval s'empêtre.

Si la voiture peut encore avancer sans grands inconvénients, elle dégage au plus tôt le côté droit de la route. Les autres voitures doublent sans ralentissement, s'il est possible, et serrent sans réserver la place de la voiture arrêtée.

Celle-ci rejoint la queue de la colonne quand l'accident est réparé. Elle reprend son rang à la première halte.

Quand la voiture n'a pas le rechange nécessaire à sa mise en état, une autre voiture portant le rechange s'arrête avec elle.

Si la voiture est complétement cassée, au point de ne pouvoir être réparée par les ouvriers du parc (V. 255), on la décharge et on la démonte : on répartit sur les autres voitures de la batterie son chargement et ses principales parties restées en bon état : le reste est laissé, sur reçu, aux autorités civiles ou militaires voisines.

287. — D. Avec quels moyens remédie-t-on aux accidents survenus pendant la marche ?

R. On peut y remédier par l'emploi des rechanges que transporte la batterie (V. 183).

Certaines parties du matériel et du harnachement, sans être des rechanges, à proprement parler, sont disposées de façon à être utilisées en cas d'accident.

Ainsi, la bride de sous-verge peut facilement, par la seule addition d'un mors, se transformer en bride de porteur : les gourmettes de dessus de tête peuvent être employées comme gourmettes de sous-barbe : les cordes de poitrails peuvent servir de traits de rechange à la rigueur.

Si l'essieu d'un avant-train se rompt, on accroche l'arrière-train au crochet de brancard d'un caisson.

Enfin, à défaut de ces moyens préparés à l'avance, on peut imaginer une infinité de moyens que la pratique suggère et qui ne sauraient être précisés. C'est ce qu'on appelle prendre des *dispositions de circonstance*.

Ainsi, il arrive quelquefois que la patte d'une équerre de coffre ne tienne pas dans la tête de l'arrêtoir et qu'on ne puisse trouver un arrêtoir de rechange qui ait prise sur cette patte. Le coffre peut alors tomber, accident fort grave, surtout si des servants sont assis sur les couvercles. On entoure alors les pattes des équerres et les brancards sur lesquels elles reposent avec des cordes à fourrage qu'on serre fortement après les avoir fait passer dans les étriers portereaux, dans les dossiers et les poignées. Cette disposition suffit en général pour le reste de l'étape.

Une fois qu'on est arrivé, le maréchal ferrant forge une tête d'arrêtoir capable de tenir la patte d'équerre du coffre. Etc.

288. — D. Quelles précautions prend-on dans les montées ?

R. On fait prendre de grandes distances aux voitures dans tous les cas.

Si la montée est longue et douce, les conducteurs mettent pied à terre.

Si la montée est rapide, ils restent à cheval. Ils tiennent les jambes près et rendent à leurs chevaux tout en ayant les rênes et la longe aussi courtes que possible.

Il faut marcher à un pas bien décidé, en activant au besoin les sous-verges avec le fouet.

En haut de la montée, on ralentit l'allure pour rétablir les distances et faire reprendre haleine aux chevaux.

Si la montée est longue, on place derrière chaque voiture des servants prêts à caler les roues dans les arrêts qu'on fait pour laisser les chevaux en repos.

Ces arrêts doivent être aussi peu fréquents que possible.

Quelquefois on double les attelages : on attelle jusqu'à 10 chevaux à une voiture, mais jamais plus, parce qu'un si nombreux attelage est diffi-

10

cile à diriger et que les traits peuvent aisément se rompre sous son effort (V. 176).

289. — D. Quelles dispositions particulières prend-on pour les descentes?

R. On fait augmenter les distances entre les voitures.

Les conducteurs restent à cheval. Les attelages de devant et du milieu ne tirent pas : ils ont les traits à peine tendus.

> Au besoin, on peut les dételer, surtout si la descente est rapide et si les conducteurs sont novices, pour éviter que les chevaux ne s'empêtrent; accident grave dans ces conditions parce qu'il est fort difficile d'arrêter pour les dépêtrer.
>
> Une fois les chevaux de devant et du milieu dételés on peut, dans les rampes rapides, les mettre en retraite, c'est-à-dire les atteler au derrière de la voiture.
>
> On peut aussi faire retenir la voiture par des hommes placés derrière et agissant au moyen des prolonges ou autres cordages.

Les chevaux de derrière sont tenus très-court. Un homme non monté ou, s'il est nécessaire, le conducteur du milieu mettant pied à terre, est chargé d'enrayer et de désenrayer, quand il y a lieu (V. 179).

290. — D. Comment passe-t-on un mauvais pas?

R. A l'endroit où le passage est le plus facile, on place un officier ou un sous-officier qui recommande aux conducteurs de maintenir leurs attelages à une allure bien franche et de faire tirer les chevaux ensemble et avec force.

> Dans tous les cas, les voitures prennent de grandes distances.
>
> S'il s'agit d'un fossé, on le coupe autant que pos-

sible en biais, on n'y faisant entrer que successivement les voitures d'un même train. Ceci s'applique aux voitures réunies à suspension (V. 173); les voitures à contre-appui doivent passer de front.

Dans tous les cas, on emploie les servants, s'il en est besoin, pour couper et adoucir les talus, combler les fossés, etc. Les outils de pionniers portés par les voitures servent à cet usage.

291. — D. Comment passe-t-on sur les ponts militaires et les ponts suspendus?

R. A l'entrée du pont, les conducteurs, sauf celui de derrière, mettent pied à terre. Ils marchent à hauteur de la tête de leur porteur dont ils tiennent les rênes avec la main droite près du mors.

On prend de grandes distances.

Chaque voiture suit autant que possible le milieu du tablier du pont (V. 195), en marchant à une allure franche et décidée qu'elle doit conserver quand bien même le pont viendrait à osciller.

On place des hommes non montés à portée de s'appliquer aux roues, s'il se rencontre un obstacle, et de contenir les sous-verges, s'ils viennent à s'effrayer.

Des mesures analogues sont prises lorsque des voitures passent sur la glace.

292. — D. Quelle précaution y a-t-il à prendre quand on traverse un défilé?

R. Quand on doit s'engager dans un chemin encaissé, dans un chemin creux, trop étroit pour qu'on puisse y faire faire demi-tour aux voitures, si ce chemin n'a pas été reconnu ou qu'on soit exposé à recevoir l'ordre de revenir sur ses pas, on fait généralement suivre la colonne d'un avant-train.

Dans ce cas, pour rebrousser chemin, il suffit de séparer les trains et de faire faire demi-tour à bras. Le demi-tour achevé, on accroche chaque arrière-train à l'avant-train qui se trouve devant lui.

L'avant-train disponible peut provenir d'un caisson dont on a accroché l'arrière-train au crochet de brancard d'un autre caisson.

293. — D. Quelles dispositions prend-on pour traverser les lieux habités ?

R. On fait serrer les voitures, pour éviter que la colonne soit coupée ou qu'elle s'allonge par trop.

D'une façon générale, on ne doit pas laisser couper une colonne ; mais, en revanche, il ne faut pas, surtout en temps de paix, avoir de trop longues files de chevaux ou de voitures sans aucune interruption.

On évite que les hommes s'écartent de leurs postes.

A la sortie du village, on rétablit l'ordre dans la colonne et, au besoin, on fait l'appel.

En général, à l'entrée des villes, on fait une halte pour se présenter en bon ordre. En même temps, des gradés sont envoyés en avant pour reconnaître la route et la faire déblayer.

294. — D. Quelles dispositions prend-on pour passer un gué ?

R. Après s'être assuré que le gué est praticable (c'est-à-dire qu'il n'a guère plus de 80 centimètres de profondeur), et après avoir reconnu la nature du fond et des rives, on place un sous-officier à l'entrée. Il ne laisse passer les voitures qu'avec de grandes distances, recommande aux conducteurs d'empêcher les chevaux de boire ainsi que de trotter ou de s'arrêter, soit en passant le gué, soit à la sortie.

A cet effet, on les anime constamment du fouet ou de la voix, et on tient les rênes courtes, tout en rendant.

Il indique la direction à suivre.

Généralement, la direction du gué est marquée par

des piquets plantés dans l'eau et par des cordes tendues d'un piquet à l'autre en aval (V. 195). Si le gué est large, on passe en colonne par section, mais en mettant de très-grandes distances entre chaque section. En principe, on passe sur le plus grand front possible.

Si le fond est mauvais ou si la sortie du gué présente des difficultés, on double les attelages.

Dans des cas très rares, quand le gué est profond, on peut enlever les coffres et les faire passer en bateau.

Cette opération est longue et pénible, mais il est de toute importance que les munitions ne se mouillent pas.

A la sortie, on nettoie les appareils de pointage, et l'on s'assure qu'il ne s'est pas introduit d'eau dans les coffrets ni dans les mécanismes de culasse.

295. — D. Quelles précautions particulières prend-on dans les marches de nuit?

R. Outre qu'on redouble de vigilance pour maintenir les voitures à leurs distances, pour empêcher les hommes de s'endormir ou de quitter la colonne, on doit exiger qu'à la fin de chaque halte, immédiatement avant de monter à cheval, les conducteurs soulèvent les traits et les tirent à eux pour voir si les chevaux se sont empêtrés.

Ordre de marche.

296. — D. Quel est l'ordre de marche de l'artillerie?

R. L'artillerie marche par *unité constituée* (c'est-à-dire

10.

par batterie, section de munitions ou section de parc), le plus souvent en colonne par voiture, quelquefois sur deux voitures de front.

L'intervalle réglementaire est de 1 mètre compté de la tête des chevaux de devant au derrière de la voiture qui précède.

Quand la batterie voyage isolément, ce qui est fort rare en campagne, on reçoit quelquefois l'ordre d'augmenter les distances surtout aux allures vives, quitte à les resserrer quand on ralentit ou qu'on s'arrête. Cette disposition évite les à-coup et diminue les chances d'accidents, mais elle a l'inconvénient d'allonger la colonne.

297. — D. Quel est l'ordre de marche des batteries dans les routes ?

R. Généralement, loin de l'ennemi, la batterie est divisée en trois groupes. Le 1er, qu'on nomme le *logement*, et qui se compose d'habitude d'un officier (ou de l'adjudant), de l'un des fourriers et de quelques hommes à cheval, va assurer le logement de la colonne (V. 282). Le 2e groupe, qu'on nomme *colonne à pied*, comprend, en outre des hommes qui vont à pied, les chevaux malades et les voitures qu'on doit mener au pas. Le 3e groupe, ou *colonne à cheval*, contient la plupart des voitures et va d'ordinaire partie au trot, partie au pas (V. 249).

Un fractionnement analogue peut être adopté pour les sections de munitions.

Toute colonne d'artillerie doit être précédée d'une avant-garde et suivie d'une arrière-garde. L'avant-garde fait écarter les obstacles qui arrêteraient la marche. Elle fait connaître au commandant de la colonne les réparations qu'il serait nécessaire de faire aux chemins, lorsqu'elle ne peut les exécuter elle-même.

L'arrière-garde veille à ce que rien ne se perde et à ce que les hommes ne restent pas en arrière ; elle prête assistance aux voitures qui ont éprouvé quelque accident (V. 286) et laisse au besoin un ou deux hommes à celles qui sont obligées de s'arrêter pour des réparations.

298. — D. Quel est l'ordre de marche des batteries à proximité de l'ennemi ?

R. Les pièces et les caissons marchent en tête. Chaque pièce est dirigée par un maréchal des logis, chaque caisson par un brigadier. Les chariots, la forge, les attelages haut le pied, les chevaux de main sont à la queue de la colonne.

Le peloton de chaque pièce marche près d'elle, derrière la volée ou sur les flancs : chaque servant est équipé des armements de son poste.

Le personnel qui n'est pas employé au service des pièces marche derrière la forge.

Les fourgons sont relégués plus loin, dans une portion de la colonne qu'on nomme *train régimentaire*.

299. — D. Quel est l'ordre de marche des sections de munitions ?

R. Les sections sont subdivisées en deux groupes qui marchent ordinairement réunis. Dans les sections de munitions d'artillerie, le premier groupe se compose de 12 caissons suivis de 2 affûts de rechange ; le 2e groupe comprend le reste des caissons, suivi des affûts de rechange, des chariots et de la forge : le personnel disponible, les attelages haut le pied et les chevaux de main en font partie.

Dans les sections de munitions d'infanterie, le premier groupe ne comprend que des caissons et le personnel désigné par le capitaine. Le reste des voitures, le personnel disponible, les attelages haut le pied et les chevaux de main forment le second groupe.

Bivouacs.

300. — D. Quelles sont les principales parties d'un bivouac ?

R. Le *parc*, qui comprend la réunion des voitures, — les lignes de chevaux, — les tentes pour les hommes. (V. 282).

Les parties accessoires sont les cuisines et les latrines.

Le fourrage est généralement mis en tas. Le harnachement est placé soit derrière les chevaux, soit à terre auprès des voitures, et même sur les voitures si on craint qu'il y ait de la boue.

Les cuisines sont établies à une certaine distance et sous le vent (c'est-à-dire du côté opposé à celui d'où vient le vent), de manière à éviter toute chance d'incendie.

Les latrines sont à une assez grande distance et également sous le vent pour que l'odeur incommode le moins possible les hommes.

301. — D. Comment dispose-t-on le parc d'une batterie?

R. Généralement, les voitures sont sur trois lignes : en tête, les pièces plus ou moins rapprochées. Derrière chaque pièce, un caisson. En troisième ligne, les autres voitures.

Quand on se sert de la forge, on la fait sortir et mener près des cuisines, dans une position telle que le vent ne puisse emporter de flammèches du côté du parc, des lignes de chevaux et des tentes.

Pour pouvoir atteler commodément (à six chevaux) il faut ménager un passage d'au moins 10 mètres entre les bouts des timons et le derrière des voitures de la ligne précédente.

On met au moins un factionnaire pour la garde du parc.

302. — D. Quelle est la consigne habituelle du chef de poste?

R. Le factionnaire ne doit laisser pénétrer personne dans le parc, sans l'autorisation d'un officier d'artillerie.

3. — D. Comment est disposé un bivouac?

Habituellement, le parc est établi sur le *front de bandière*, c'est-à-dire sur le côté par lequel on doit sortir pour se porter en avant.

Le front du parc forme le premier côté d'un carré dont les trois autres sont formés, à droite, par des cordes à chevaux (section de droite), — à gauche, par des cordes à chevaux (section de gauche); — en arrière, parallèlement au front de bandière, par des cordes à chevaux (section du centre).

Les chevaux qu'on suppose atteints de maladies contagieuses sont attachés à l'écart à quelque arbre, à un piquet, etc.

Les rangées de tentes, quand il en existe, sont parallèles aux lignes de chevaux: chaque rangée sert à une section.

Ces dispositions ne sont pas réglementaires.

Lorsqu'on n'a pas de tentes, on s'établit à une certaine distance des chevaux et sous le vent; on allume des feux et on construit avec des branches des abris en clayonnage (V. 347) appelés *auvents*.

Les sous-officiers établissent leurs feux à proximité de ceux des hommes, de manière à pouvoir exercer leur surveillance sur eux.

4. — D. Comment s'opère le cantonnement (282)?

Le fourrier inscrit à la craie sur la porte de chaque maison ou de chaque écurie d'après les indications de l'officier ou de l'adjudant chargé du logement (V. 297), le numéro de la pièce et le nombre d'hommes ou de chevaux qui peuvent y être logés.

Quand la batterie est cantonnée auprès d'une autre batterie ou auprès de troupes d'une autre arme, on inscrit en outre le numéro de la batterie.

Chaque chef de pièce reçoit du fourrier ou établit lui-même une liste des logements occupés par les hommes ou les chevaux de sa pièce. Il prend note du logement de son chef de section et du commandant de la batterie.

Service sur le champ de bataille.

305. — D. La batterie garde-t-elle sa formation de route quand elle est près d'arriver sur le champ de bataille?

R. Non : elle se répartit en deux groupes ou échelons. Le premier, composé de six pièces avec leur personnel et de trois caissons (dont un porte la caisse aux instruments), constitue la *batterie de combat*.

Les autres voitures suivies du reste du personnel, des attelages haut le pied et des chevaux de main, forme le second échelon appelé *réserve de la batterie*.

Les voitures de la batterie de combat sont autant que possible attelées avec des chevaux de couleur sombre. Les chevaux de selle des officiers, de chefs de pièces, des chefs des trois premiers caissons, des trompettes doivent également être de robe foncée. Il en est de même de la monture du sous-chef artificier.

Le sous-chef artificier dirige les trois caissons de la batterie de combat. Il a sous ses ordres les brigadiers chefs de voitures et les artificiers gar-de-coffres.

306. — D. Quelles sont les dispositions à prendre avant le combat?

R. A la première halte qui suit la formation de la batterie en deux échelons (V. 305), les chefs de pièces et de caissons s'assurent que le personnel est à son poste, que les servants ont bien tous leurs armements, que les hausses, les tire-feu et les étoupilles sont à leur place.

On fait fonctionner les systèmes de pointage et les mécanismes de culasse. On passe le dégorgeoir dans les lumières.

Les sacs des servants sont repris par les hommes, surtout ceux de ces sacs qui sont sur les caissons de la batterie de combat. Les cadenas sont ouverts, et on reconnaît si les charges et les projectiles peuvent être facilement dégagés. Néanmoins on n'en met généralement pas dans les sacs à charges (V. 483).

Les hommes montés remettent en ordre les parties du harnachement ou des paquetages qui ne seraient pas convenablement disposées.

On peut enlever le couvre-bouche et le couvre-culasse.

307. — D. Quelles sont les dispositions à prendre pour le combat?

R. Les chefs de pièces sont généralement conduits sur le champ de bataille avant que la batterie ne vienne prendre position, et ils sont appelés à reconnaître l'emplacement à choisir pour leur pièce. A cet effet, ils doivent mettre pied à terre et se baisser en prenant la position du pointeur, de façon à s'assurer que celui-ci pourra pointer.

Il arrive que de hautes herbes, sur un faible pli de terrain, masquent complétement le but sans qu'un homme à cheval puisse s'en douter.

Le sous-chef cherche un emplacement pour ses

caissons, par exemple derrière la 2°, la 4° et la 6° pièces.

Généralement aussi, les chefs de pièces et les pointeurs sont réunis avant que la batterie soit en position, et le capitaine leur indique la partie du but à battre, soit à l'œil nu, soit à l'aide de la lunette préalablement braquée dans la direction voulue, et qu'il ne reste plus qu'à mettre au point pour chacun (V. 240). Les sous-officiers doivent se rappeler exactement la portion du but qui leur aura été désignée, se persuadant bien qu'il n'est pas indifférent de tirer sur tel ou tel canon de la batterie ennemie, si on canonne de l'artillerie; sur tel ou tel point d'une colonne, si l'on attaque une troupe en marche.

Il faut bien se convaincre, par exemple, que ce n'est pas sur le milieu d'une colonne qu'il faut pointer ou sur un gros d'ennemis. On ne devra pas être surpris de recevoir l'ordre de tirer sur le milieu du premier rang d'une troupe en colonne, ou sur un point de la ligne de tirailleurs, contre de l'infanterie en formation de combat.

308. — D. Quelles dispositions prend la batterie en arrivant sur le champ de bataille?

R. Les servants étant montés sur les coffres, la batterie arrive autant que possible au trot.

Les servants qui ne peuvent trouver place sur les coffres rejoignent à pied la batterie le plus vite possible, sous la conduite d'un sous-officier ou d'un brigadier. Ils sont remplacés momentanément, s'il en est besoin, par les conducteurs du milieu pour l'exécution de la bouche à feu.

Autant que possible, les pièces arrivent en ligne à la fois.

Les pièces arrivant, les chefs de pièces les dirigent vers l'emplacement choisi et se hâtent de faire séparer les trains, de faire mettre la pièce dans la position de tir, de faire charger et pointer, pour que l'ouverture du feu suive d'aussi près que possible la mise en batterie.

Il ne faut pourtant pas tirer précipitamment, si le feu est à volonté, ce qui est le cas le plus rare.

Mais, quelle que soit la lenteur du tir, on doit se hâter de charger et de pointer la pièce, après chaque coup.

Généralement, le capitaine commande lui-même le feu par pièces, ou il le fait commander par un officier. Il commande lui-même le feu par salve, qui n'est employé qu'exceptionnellement.

Il n'y a pas à rechercher un alignement rigoureux; il faut seulement qu'aucune pièce ne gêne le tir des pièces voisines.

Les intervalles sont d'au moins 10 mètres : en général, on les prend de 15 à 20 mètres.

Les avant-trains sont placés en arrière des pièces, à 15 ou 20 mètres au plus : on s'attache à les défiler au moyen du terrain.

On dit qu'un point est *défilé aux vues* quand l'ennemi ne peut l'apercevoir, et *défilé aux coups* quand les coups de l'ennemi ne peuvent l'atteindre. — Le défilement peut être obtenu au moyen de levées de terre appelées *épaulements* (V. 317), ou par le choix d'une position en contre-bas dans un pli de terrain.

Les caissons de la batterie de combat doivent être abrités le mieux possible, mais placés de telle sorte qu'aucun pourvoyeur n'ait une trop grande distance à parcourir.

Les chefs de pièces et le sous-chef artificier mettent pied à terre.

La réserve suit à distance la batterie de combat et va prendre position en arrière de la ligne des pièces, vers le flanc le moins exposé.

Quelquefois on fractionne en deux la réserve de la batterie de combat. La seconde fraction s'établit plus ou moins en arrière pour être aussi bien abritée que possible.

309. — D. Quelles dispositions prennent les sections de munitions pendant le combat?

R. Elles s'établissent à proximité du champ de bataille : généralement on forme le parc en dehors des routes qui sont laissées libres pour la circulation des troupes.

Les caissons sont disposés de façon à pouvoir être rapidement emmenés, selon les besoins des batteries engagées.

310. — D. Comment s'opère le réapprovisionnement de la batterie?

R. On commence la distribution des charges en les prenant dans les caissons de la batterie de combat et dont chacun est affecté à une section. Les artificiers de chaque caisson distribuent les munitions aux pourvoyeurs des deux pièces, en commençant par le coffre de derrière de l'arrière-train ; quand il est épuisé, ils passent à celui du devant et ensuite au coffre de l'avant-train.

Le capitaine fait demander des caissons pleins à la réserve assez à temps pour qu'ils arrivent avant qu'on ait épuisé les caissons de la batterie de combat. Ceux-ci sont ramenés vides à la réserve par le sous-officier qui vient d'amener les caissons pleins ; de là, ils sont envoyés le plus tôt possible à la section de munitions d'artillerie et échangés contre des caissons pleins.

Cette manière de faire a l'avantage de laisser intact le chargement des avant-trains de pièces, auxquels on ne touche que si les caissons pleins de la réserve ne sont pas encore arrivés au moment où les caissons de la batterie de combat sont complétement vidés. Dans ce cas, on prend dans un seul avant-train de chaque section les munitions des deux pièces de cette section.

Dès que les caissons pleins sont arrivés, on y prend les munitions pour continuer le feu et on recomplète le chargement des avant-trains entamés dès qu'on peut le faire sans danger.

Les coffres vides laissés à la section y sont chargés ou échangés contre des coffres pleins.

Les batteries et les sections de munitions reprennent au plus vite leurs voitures respectives, ce qui est d'autant plus nécessaire que les caissons des sections ne portent pas les outils et objets de campement des caissons des batteries et que les ferrures des coffres (dossiers, poignées, etc.) sont différentes.

311. — D. Comment s'opère le ravitaillement des troupes d'infanterie ?

R. Les trousses de paquets de cartouches sont placées dans les poches des bissacs et transportées par les soins de l'infanterie (V. 120 et 154).

312. — D. Comment sont remplacés les hommes et les chevaux mis hors de combat ?

R. Par des hommes et des chevaux pris dans la réserve.

Les servants mis hors de combat sont remplacés momentanément suivant les règles prescrites pour le remplacement des hommes manquants.

Les conducteurs du milieu peuvent aussi être employés comme servants. Ils remplacent le conducteur de devant ou de derrière s'il vient à manquer.

Autant que possible, on laisse les artificiers aux caissons, et on ne les emploie pas au service de la pièce.

343. — D. Quel est le service des chefs de pièces et du sous-chef artificier sur le champ de bataille ?

R. Le chef de pièce veille à ce que le pointage se fasse régulièrement et bien exactement d'après les indications reçues (V. 247). Il exige que la manœuvre se fasse aussi correctement que possible, de façon à éviter les accidents. Il prend les précautions prescrites pour que le tir soit bon (V. 236 et 66). Il s'assure que les projectiles mis dans la pièce sont bien ceux qu'on a reçu l'ordre d'employer (V. 314).

Il observe les coups (V. 238).

Le sous-chef artificier dirige la distribution des munitions : il tient le capitaine au courant de leur consommation. Les chefs de pièces doivent être toujours exactement renseignés à cet égard, chacun en ce qui le concerne.

Dès qu'on va distribuer les derniers coups du second coffre de chaque caisson (V. 346), le sous-chef artificier en donne avis au capitaine, pour que ce dernier s'occupe de faire venir des caissons pleins de la réserve.

314. — D. Quels sont les projectiles employés ?

R. — C'est toujours avec des obus ordinaires qu'on tire les premiers coups, qui servent à déterminer la hausse.

Ce n'est guère qu'aux petites distances qu'on emploie les obus à balles, dont l'usage exige d'ailleurs que le tir soit exactement réglé. Les boîtes à mitraille servent surtout contre une charge de cavalerie.

On doit attendre l'ordre du commandant de la batterie pour consommer des projectiles spéciaux (V. 118).

315. — D. Quels sont les incidents qui peuvent survenir pendant le tir, et quels sont les moyens d'y remédier ?

R. La culasse peut être dure à ouvrir avec les mains.

Les filets de la vis de culasse présentent généralement, dans ce cas, des bavures qu'il faut faire adoucir avec la lime par l'ouvrier en fer de la batterie. En graissant toujours convenablement la vis de culasse et son écrou, on évite généralement les grippements.

Les batteries transportent avec elles les instruments nécessaires pour remédier à la plupart des incidents qui peuvent se présenter (V. 483).

Si une étoupille se fend et reste adhérente à la lumière, on la retire avec le dégorgeoir à vrille comme on retire un bouchon à l'aide d'un tire-bouchon.

Si la manœuvre de la culasse présente des difficultés par suite d'un dépôt de crasses ou de matières dures provenant de l'obturateur, on enlève ce dépôt en passant une éponge mouillée sur la tête mobile où il se forme, ou en le raclant avec un couteau.

Des bavures sur les bords du collet de la tige et le grippement de la vis-arrêtoir peuvent empêcher le mouvement de rotation de la tête mobile dans la vis de culasse. On les fait enlever à la lime par l'ouvrier en fer. On aurait presque certainement évité cet accident en mettant de la graisse en quantité convenable.

Si on a à démonter la tête mobile, et que cette opération présente quelque difficulté, on frappe avec un maillet en bois sur le côté du champignon, et non sur le sommet, pour ne pas dégrader l'obturateur.

Dans le tir rapide, il arrive que l'obturateur s'échauffe, se déforme un peu et se ramollit. On lui rend alors, à la main, une forme à peu près cylindrique, de façon qu'il n'arrête pas le mouvement de la vis de culasse. S'il est trop échauffé, on le refroidit soit en le plongeant dans l'eau, soit en le mouillant avec une éponge.

346. — D. Qu'est-ce qu'une *tranchée-abri?*

R. C'est une tranchée, petit fossé d'une cinquantaine de centimètres de profondeur, dont on rejette les terres du côté de l'ennemi, sur une hauteur d'autant, de sorte qu'un homme placé dans cette tranchée est couvert sur une hauteur d'un mètre et, par conséquent, abrité jusqu'à la ceinture s'il se tient debout, et jusqu'aux épaules s'il s'agenouille.

Les tranchées-abris sont surtout employées par l'infanterie.

Elles sont, en général, d'un mètre de largeur au fond.

347. — D. Qu'est-ce qu'un épaulement rapide?

R. C'est un abri en terre, couvrant les servants jusqu'à la ceinture et les pièces jusqu'à hauteur de genouillère (V. 136).

Ces épaulements se construisent à l'emplacement que doit occuper la batterie dans un combat *défensif*, c'est-à-dire lorsqu'on doit être attaqué par l'ennemi. Dans les combats *offensifs*, c'est-à-dire lorsqu'on attaque l'ennemi, il peut arriver qu'une batterie reste assez longtemps dans la même position; dans ce cas, on utilise, pour construire l'épaulement, les moments pendant lesquels le feu se ralentit.

Les *outils à pionniers* (pelles et pioches) transportés par la batterie (V. 483) suffisent, en général, pour établir rapidement les abris nécessaires aux six pièces.

348. — D. Quelles sont les dispositions recommandées pour la construction des épaulements rapides?

R. Le travail se divise en plusieurs périodes : dans la première, on fait simplement des tranchées-abris pour les servants; ces tranchées sont pratiquées à peu près à hauteur des moyeux des roues.

Dans la seconde, on creuse une plate-forme pour la pièce, et on rejette les terres qui en proviennent à hauteur du devant des roues de la pièce, entre les talus des tranchées-abris : une rampe inclinée, ménagée à la queue de la plate-forme, facilite la mise en batterie et permet le recul.

Dans la troisième période, on raccorde la plate-forme au terrain par des rampes très-douces, permettant le recul dans des directions notablement différentes. La terre qui en provient sert à renforcer l'épaulement.

On augmente, si l'on a le temps, l'épaisseur de l'abri au moyen de terres prises dans un fossé qu'on creuse en avant. C'est le travail de la dernière période.

Ces règles n'ont rien d'absolu.

319. — D. Qu'ont à faire les gradés, après un combat ?
R. Ils ont à faire réparer tout ce qu'il peut y avoir d'abîmé dans leur matériel et à reconstituer leurs attelages et leur personnel.

Ils visitent soigneusement les mécanismes de culasse et les appareils de pointage.

Ils s'occupent, bien que ce soit plus spécialement le devoir du sous-chef artificier, de faire compléter, s'il y a lieu, le chargement des avant-trains de pièces avec les munitions qui peuvent rester.

Il est bien entendu que chacun doit faire connaître sans retard, aux officiers, les actes de courage dont il a pu être témoin, de façon à en provoquer la récompense immédiate, s'ils en méritent une.

Quant aux actes de lâcheté, ils ont dû être signalés et réprimés dès qu'ils se sont produits.

Réquisitions militaires.

320. — D. Qu'est-ce que le droit de *réquisition* ?
R. C'est le droit qu'ont les militaires d'exiger, dans certains cas, la fourniture de prestations nécessaires à l'armée, dont les principales sont :
1° Le logement pour les hommes, des écuries pour les chevaux, des bâtiments pour le matériel ;
2° La nourriture des hommes, du fourrage pour les chevaux ou mulets, de la paille pour le couchage des hommes ;
3° Des moyens d'attelage (chevaux harnachés et conducteurs) ;
4° Le traitement des malades ou blessés, etc.

321. — D. Comment et par qui est exercé, en temps de guerre, le droit de réquisition ?

R. Tout sous-officier, chef de détachement, opérant isolément, peut requérir, sous sa responsabilité personnelle, ce qui est nécessaire aux besoins journaliers des hommes et des chevaux placés sous ses ordres.

Dans ce cas la réquisition est toujours faite par écrit et signée; elle est établie en double expédition, dont l'une reste entre les mains du maire, et dont l'autre est immédiatement adressée, par la voie hiérarchique, au commandant du corps d'armée.

Dès que les prestations requises ont été fournies, il en est donné reçu, afin que la commune puisse s'en faire indemniser ultérieurement.

Les sous-officiers ne doivent exercer le droit de requérir qu'avec la plus grande circonspection, en cas de nécessité absolue ou sur des ordres formels et explicites reçus au moment où ils ont été détachés.

Destruction des voies ferrées et télégraphiques.

322. — D. Comment détruit-on une voie ferrée?
R. En détruisant les rails au moyen de la dynamite (V. 409). On peut aussi faire un bûcher avec les traverses en bois qui soutiennent les rails et poser ceux-ci au-dessus. La flamme fait rougir le fer et on peut tordre les rails. On cherche surtout à détruire la voie aux points de croisement.

Quand le chemin de fer passe sous un tunnel, on peut faire ébouler des quartiers de rochers qui l'obstruent au moyen de trous de mine, qu'on charge, soit à la poudre, soit à la dynamite. Même disposition peut être prise quand la voie est en déblai.

Quand elle passe sur un pont ou un viaduc, on peut détruire ce pont ou ce viaduc.

On casse, au moyen de la dynamite, les plaques tournantes placées sur la voie, on met les signaux hors de service, on abîme les réservoirs d'eau, etc.

On peut aussi endommager le matériel, les locomotives en particulier.

323. — D. Comment détruit-on les voies télégraphiques ?

R. On coupe les fils télégraphiques, on abat et on brûle les poteaux qui les supportent, etc.

Quand on arrive dans une station, on enlève les appareils.

Embarquement en chemin de fer.

324. — D. Quelles mesures préliminaires prend-on pour le transport des troupes par chemins de fer ?

R. Quand une batterie ou un régiment d'artillerie doit partir en chemin de fer, un officier est *préposé au chargement*. Un sous-officier est adjoint à cet officier.

Il est chargé, au moment de la reconnaissance du train, de numéroter à la craie chacun des wagons et trucs, en suivant pour les hommes, les chevaux et le matériel, une série distincte de numéros. Il inscrit en même temps, en regard des numéros d'ordre, la contenance de chaque wagon en homme et en chevaux, et la longueur de chaque truc.

Ces inscriptions se font :

1° Pour les wagons à voyageurs, sur le grand marchepied, entre les portières, pour que les chiffres ne soient pas effacés par les pieds des hommes ;
2° Pour les wagons à chevaux, sur le grand côté ;
3° Pour les trucs, sur le rebord du grand côté.

La batterie touche la paille nécessaire pour

garnir de litière chaque wagon à chevaux, à raison de 2 k. 500 par cheval, et pour confectionner des bottillons à raison de 1 par 4 ou 5 selles et de 2 par truc.

Les bottillons sont des bottes de paille bien serrées et solidement liées. Les uns sont destinés à porter les selles et les autres à amortir le choc des roues des voitures sur le plancher des trucs.

Ces derniers ont 80 centimètres de long sur $1^m,25$ de tour et pèsent $7^k,500$.

Les bottillons destinés à porter les selles ont $1^m,20$ de longueur sur $1^m,25$ de tour et pèsent 12 kilos.

Cette longueur leur a été donnée pour qu'après le chargement des selles il reste un bout libre sur lequel les gardes d'écurie (V. 326) puissent s'asseoir.

Le dernier repas des chevaux doit avoir lieu deux heures au moins avant l'embarquement. On les fait boire après ce repas.

La nourriture des chevaux pendant la route se compose de 5 kilos de foin et de 2 kilos d'avoine pour un jour.

Les directions d'artillerie fournissent au corps différents accessoires pour l'embarquement et le débarquement du matériel, et notamment :

Des jarretières,
Des bouts de madriers,
De grandes cales emmanchées,
Des leviers (V. 269).

Chaque selle doit porter une étiquette en toile cousue en fourreau autour de la courroie de paquetage de gauche, et portant bien en évidence le nom et le numéro matricule du détenteur de la selle.

Les comptables confectionnent ces étiquettes, qui sont placées par les soins du chef de pièce.

325. — D. Comment embarque-t-on et débarque-t-on le matériel?

R. On peut embarquer *à quai*, dans les gares et les arsenaux, ou *à pleine voie*. Dans ce dernier cas, on est obligé de construire des *rampes mobiles*.

Les trucs peuvent contenir plus ou moins de voitures, suivant leurs dimensions.

Les voitures restent sur roues et au complet : on n'enlève guère que les timons, dans la proportion d'un sur quatre.

> Quand les voitures d'artillerie voyagent en temps de paix, on peut, en les démontant, économiser de la place et faciliter le chargement.
> En temps de guerre on perdrait trop de temps à les remonter.

Généralement, on sépare l'avant-train et l'arrière-train, c'est-à-dire qu'on divise la voiture en deux demi-voitures.

> On préfère séparer les trains le plus tard possible, même quand il s'agit de remonter une rampe : il est plus aisé et moins dangereux d'avoir à manœuvrer une voiture à 4 roues qu'une voiture à 2 roues.
> L'embarquement se fait par le *grand côté* ou par le *petit côté*.
> Dans le premier cas, on place des *ponts volants* entre le quai et le truc, et on y fait entrer une demi-voiture qui est aussitôt repoussée sur des ponts volants établis à cheval sur les rebords des petits côtés de deux trucs consécutifs. Le plancher du truc de chargement est donc ainsi déblayé, et on peut y faire entrer les autres demi-voitures qu'il doit porter. Dès qu'elles sont introduites, on ramène le train qui était sur le pont volant.
> Dans le chargement par le petit côté, qui s'emploie lorsque le quai arrive parallèlement au petit côté, on place un pont volant qui relie le quai au petit côté

du truc, et on fait entrer une demi-voiture qui passe ensuite de truc en truc au moyen de ponts volants placés sur les rebords de leurs petits côtés jusqu'à la place qu'elle doit occuper définitivement.

L'embarquement réglementaire est un mélange des deux modes de chargement : après avoir embarqué la première voiture sur le premier truc, on se sert du deuxième truc pour compléter, par le petit côté, le chargement du premier. Quant au second truc, on le charge directement par le grand côté. Ce procédé peut être appliqué à la fois pour plusieurs groupes de deux trucs consécutifs suivant le personnel dont on dispose, et on abrége l'opération.

Pour l'embarquement du matériel, les hommes déposent leurs armes, leurs sacs, leurs paquetages.

Ils disposent les ponts volants pour relier les wagons au quai ou les relier entre eux, placent des bottillons au pied du rebord, aux points où les roues quitteront le rebord pour tomber sur le plancher.

Les ponts volants et les rampes mobiles (qui sont soit en charpente, soit à longrines en fer) sont fournis par les compagnies de chemins de fer; on les embarque dès que le chargement est opéré, ainsi que le reste des agrès (V. 324).

Les bouts de madrier servent, au contraire, quand on les appuie sur des cales à faire de petites rampes permettant aux roues de franchir les rebords du truc.

Les attelages de derrière seuls font monter les voitures sur le quai. Aussitôt après, ils sont dételés et prennent les mêmes dispositions que les autres attelages (V. 326).

Dans l'embarquement, il faut veiller à ce que les flèches et les timons soient placés de façon qu'aucune ferrure ne puisse être faussée. Les chargements ne doivent pas dépasser les faux tampons. Les coffres de deux voitures ne doivent pas se toucher.

Quand le matériel est chargé, on consolide, et on fixe le tout au moyen de cales qu'on cloue sur le plancher et de jarretières. Enfin, on brêle les roues et les timons au moyen des cordages dont les trucs sont munis. C'est ce qui s'appelle *prolonger* le train.

Ce soin revient aux employés des chemins de fer.

Le débarquement s'opère par les moyens inverses de l'embarquement. On commence, autant que possible, par faire sortir les avant-trains les premiers : on y accroche ensuite les arrière-trains qui sont encore sur le truc, ce qui donne plus de facilité pour les en sortir.

Dès qu'une voiture est débarquée, on y attelle les chevaux de derrière qui l'emmènent au lieu désigné pour former la batterie.

326. — D. Comment sont embarqués les chevaux ?

R. Ils sont ordinairement dessellés, mais ils gardent la couverture et le surfaix.

Ils sont placés au nombre de 8 par wagon, dans le sens de la voie, sur deux rangées de quatre, faisant face au milieu du wagon.

Ils sont contenus par une *corde de poitrail* qui les empêche de se porter en avant.

Dans l'intervalle laissé libre entre les deux rangées de chevaux sont les deux gardes d'écurie, les huit selles empilées par quatre ou cinq sur des bottillons, et les sacs d'avoine.

Les chevaux sont amenés bridés, après qu'on a relevé leurs bricoles de manière à éviter toute dégradation et à ne pas les blesser.

Le sous-officier chargé de l'embarquement des chevaux fait placer des ponts volants entre le quai et le wagon : il fait répandre de la litière sur les ponts volants et sur le plancher du wagon.

Il place un homme de chaque côté des ponts volants pour empêcher les chevaux de se traverser et de mettre les pieds entre le quai et le wagon.

Il fait entrer les chevaux, en commençant par les plus dociles.

Quand un cheval résiste, on fait amener le suivant, et le premier est entraîné vivement à la suite, ou bien on lui couvre la tête, et on l'amène au wagon, après lui avoir fait faire plusieurs tours sur lui-même.

Un des moyens les plus sûrs de faire entrer un cheval récalcitrant consiste à le faire pousser par deux hommes vigoureux qui le saisissent vivement sous la croupe en se tenant la main.

Pour les chevaux qui ruent, on fait usage d'une sangle ou de deux sangles réunies bord à bord.

Les chevaux étant en place, on fixe les cordes du poitrail.

Les selles, préalablement enlevées et déposées sur le quai, sont alors chargées, ainsi que les sacs d'avoine et des seaux d'abreuvoir.

Les deux gardes d'écurie remettent leurs armes et leurs coiffures à leurs camarades ils ne débrident les chevaux que lorsqu'ils les ont calmés, et que le train est en marche.

Les brides, soigneusement attachées, sont placées sur les piles de selles.

Le débarquement s'opère par les moyens inverses.

On commence par enlever les selles, on bride, on détache les cordes de poitrail, et on fait sortir les chevaux.

327. — D. Comment s'embarquent les hommes ?

R. On fait monter huit hommes dans chaque compartiment de 10 places, réservant ainsi deux places pour une partie des sacs, des coiffures, des paquetages, etc. Le reste est mis sous les banquettes.

Les conducteurs et les servants sont mélangés dans chaque compartiment.

Le premier homme monté reçoit les paquetages, sacs, etc., et les place avant qu'aucun autre homme ne monte.

Une fois assis, les hommes tiennent le sabre ou le mousqueton appuyé au plancher et entre les jambes.

Il est interdit aux militaires, lorsqu'ils sont montés en wagon, de fermer eux-mêmes les portières.

Ce soin revient aux employés du chemin de fer.

Les servants doivent desserrer les lacets des guêtres et en retirer le pantalon, pour éviter la fatigue et le gonflement du bas des jambes.

Le débarquement des hommes s'opère par les moyens inverses.

Les hommes descendent sans précipitation et seulement avec leurs armes ; le dernier distribue à ses camarades leurs sacs, paquetages, etc., avant de descendre lui-même.

En descendant, les conducteurs doivent tenir à

la main leurs fourreaux de sabre, de peur de les laisser prendre dans les marchepieds.

Quand ils sont descendus, les hommes ne doivent pas appuyer leurs armes contre les voitures du train, qui peuvent à tout instant être ébranlées par un mouvement de la locomotive.

328. — D. Quelles sont les mesures de police et de sûreté à prendre pendant la marche ?

R. L'embarquement terminé, le sous-officier adjoint à l'officier préposé au chargement écrit à la craie sur les wagons, à côté du numéro d'ordre, et, pour les voitures à voyageurs, sur le marchepied, l'indication de la section ou de la pièce qui l'occupe.

Les mêmes indications sont mises sur les wagons à chevaux et les trucs.

Toutes les inscriptions sont reproduites des deux côtés du wagon; elles servent à faire retrouver leurs places aux hommes dans les stations où ils peuvent descendre.

Il est bon, en outre, que les hommes retiennent les numéros d'ordre peints sur leur wagon et sur celui dans lequel se trouvent leurs chevaux.

La troupe étant embarquée, il est rigoureusement interdit :

1° De passer la tête ou les bras hors des portières pendant la marche ;
2° D'ouvrir les portières ;
3° De passer d'une voiture dans une autre ;
4° De pousser des cris et de chanter ;
5° De descendre de voiture aux stations avant que l'ordre en soit donné.
6° De fumer dans les wagons qui contiennent de la paille.

Autant que possible il y a, dans chaque wagon, un sous-officier, et, dans chaque compartiment, un gradé chargé de veiller à l'exécution des prescriptions de police.

Quand la troupe est descendue, les chefs de wagons et de compartiments visitent leurs wagons et leurs compartiments pour rechercher les objets que les hommes pourraient y avoir oubliés.

Pendant les haltes de quelque durée, le poste de police descend en armes le premier et fournit les factionnaires commandés pour garder les issues, pour empêcher les hommes de boire de l'eau, s'il fait grand chaud, etc.

329. — D. Quels sont les devoirs des gardes d'écurie ?
R. A tous les coups de sifflet de la machine, à chaque arrêt et à chaque départ, ils parlent aux chevaux, les calment et les soutiennent.

En cas d'accidents, ils se portent aux fenêtres et avertissent par leurs cris et en agitant leur mouchoir.

Ils font manger les chevaux en leur donnant le foin à la main, pendant la route.

L'avoine se donne seulement dans les gares désignées à cet effet. On commence par abreuver les chevaux (si le voyage dure plus de 12 heures) en donnant un seau d'eau de taille ordinaire pour deux chevaux.

On distribue ensuite l'avoine dans les musettes-mangeoires (V. 285).

Les gardes d'écurie sont relevés toutes les 3 ou 4 heures.

Service du garde-parc.

330. — D. Quel est le service du sous-officier *garde-parc* ?

R. Le *garde-parc*, qui, en général, n'est autre que le sous-chef artificier, est chargé de l'entretien et de la surveillance du matériel. Cette surveillance s'exerce sur la totalité du matériel quand la batterie est détachée; au cas contraire, elle ne porte que sur la partie du matériel qui sert à l'instruction et qui est au corps.

Pourtant, la batterie reste chargée de la surveillance et de l'entretien des objets renfermés dans les coffres munis de cadenas spéciaux, fussent-ils déposés dans les hangars de l'Ecole d'artillerie. C'est généralement le garde-parc qui est détenteur des clefs.

Une batterie détachée peut avoir à faire de menus achats pour l'*entretien courant*, et elle peut aussi employer pour certains travaux des ouvriers. C'est généralement le maréchal des logis chef ou le sous-chef artificier qui est chargé de cette comptabilité (V. 334).

En général, le garde-parc a pour devoir de se tenir au courant de l'état de la batterie, afin de pouvoir en rendre compte au chef du détachement dont il prend constamment les ordres.

Il doit veiller à ce que les réparations ordonnées soient exécutées, faire compléter tous les objets suivant les besoins et les circonstances, faire remplir les boîtes à graisse, remplacer les lanières perdues, etc.

En route, il empêche de placer sur les voitures des objets étrangers au service. Il veille à ce que les canonniers ne fument pas dans le voisinage des poudres.

Il fait graisser les roues tous les cinq jours (V. 464). Il fait resserrer les écrous, notamment ceux des moyeux métalliques (V. 465).

Dans les séjours, il s'occupe du parc. Si le temps est humide, il fait placer des cales ou des bouts de madriers sous les roues. Si le séjour se prolonge, il fait de temps en temps avancer ou reculer de quelques mètres la ligne des voitures.

Il veille à ce qu'on puisse déparquer facilement. Le garde-parc emploie ordinairement pour ces corvées les artificiers, les ouvriers en fer et en bois et les hommes du poste.

331. — D. Quelle est la responsabilité du garde-parc?

R. Sa responsabilité pécuniaire ne saurait jamais être engagée, c'est-à-dire qu'il n'est passible d'aucune retenue ou d'aucune amende pour les objets qu'il peut égarer ou laisser perdre. Mais il est passible, en pareil cas, de punitions sévères. Le rôle de garde-parc, qui consiste à surveiller un matériel très-important et à assurer le service des munitions, est assez considérable pour que tout sous-officier ait à cœur d'être chargé de cet emploi. Mais toute négligence dans ce service peut avoir des conséquences extrêmement graves, et il faut mettre dans l'accomplissement des fonctions de garde-parc un zèle et une prévoyance de tous les instants.

Le sous-chef doit se familiariser dès le temps de paix avec le matériel dont il a la charge. Aussi accompagne-t-il les officiers dans les visites périodiques du matériel et assiste-t-il à sa prise en charge.

332. — D. Qu'appelle-t-on *visite trimestrielle*?

R. C'est une visite passée tous les trois mois ayant pour but de constater l'état du matériel, tant pour le nombre que pour le degré de conservation des différentes parties.

A la suite de cette visite, la batterie établit un *procès-verbal* dont le modèle lui est fourni et qui est établi sur 7 colonnes. Les deux premières donnent le nombre et la désignation des objets. La troisième donne le nombre de ces objets qui doit réglementairement exister. La quatrième donne l'existant.

On inscrit dans la 5e et la 6e le nombre des objets de chaque espèce à réparer ou à remplacer.

La septième colonne est destinée aux observations.

On profite de cette visite pour graisser les outils, scies, etc., et pour envelopper les tranchants de chiffons.

333. — D. En quoi consiste la prise en charge du matériel (V. 269)?

R. Après avoir constaté par une visite le bon état et le

complet du matériel qui lui est livré, le garde-parc et le commandant de la batterie signent l'inventaire qui leur est présenté en double expédition. L'une des expéditions s'appelle *facture d'entrée* et reste à la batterie, l'autre s'appelle *facture de sortie* ou *récépissé*, et reste à l'établissement qui a livré le matériel (V. 335). Ces pièces sont tenues prêtes, même en temps de paix, pour éviter toute perte de temps lors de la mobilisation.

On profite de la visite de réception pour voir si le matériel est en état de faire campagne.

On s'assure avant tout que les roues sont en bon état, qu'elles entrent bien dans les sabots d'enrayage; on vérifie si les chaînes de bout de timon et de sabot d'enrayage ont la longueur voulue, si les objets d'armement et d'assortiment sont à leur place et en bon état, s'il ne manque ni clavette, ni rondelle, ni esse, ni lanière, etc.

On fait ouvrir les coffres en profitant, autant que possible, d'un temps sec et des heures de soleil.

On vérifie la quantité et l'état des munitions et artifices, des outils, des rechanges, etc.

Quand, par suite d'un départ précipité ou de toute autre cause, la visite du matériel n'a pas été faite avant le départ, on y procède à la première station où on le peut, et on signale immédiatement les manquants constatés ou les réparations reconnues nécessaires.

En cas de guerre, la batterie verse ses cadenas spéciaux et leurs clefs (V. 183).

En même temps qu'il prend en charge le matériel, le capitaine reçoit les livrets de ses bouches à feu (V. 234).

Dès que le capitaine a pris son matériel en charge, il y met un factionnaire fourni par un poste de garde.

334. — D. Quelle est la comptabilité que le garde-parc d'une batterie détachée peut être appelé à tenir?

R. Cette comptabilité consiste essentiellement dans la tenue d'un *registre journal*, où toutes les dépenses sont inscrites par ordre de date.

Tous les mois, le commandant de la batterie fait établir et envoie au lieutenant-colonel directeur de l'Ecole (ou du parc) les pièces justificatives nécessaires pour le remboursement des dépenses qu'il a faites. Ces pièces comptables sont réunies dans un bordereau indiquant leur nature, leur nombre et leur montant: elles consistent en factures quittancées (pour les fournitures et les menus achats) et en états émargés (pour les journées d'ouvriers). Le bordereau, arrêté par le capitaine, sert de lettre d'envoi.

Les pièces justificatives portent en titre les mots *service courant*. Elles sont de couleur blanche, rose ou chamois.

Dès que le directeur de l'Ecole (ou du parc) a envoyé le remboursement des avances faites, on en inscrit le montant sur le registre journal en ayant soin de porter à la colonne des observations la date de la réception du mandat et de l'envoi du récépissé.

Dans les 15 premiers jours de chaque trimestre, il est envoyé au directeur de l'Ecole (ou du parc) un inventaire du matériel. Ces inventaires sont faits en double expédition, sauf celui de janvier qui est fourni en triple expédition.

Chaque envoi d'inventaire est accompagné des pièces justificatives en simple expédition.

335. — D. Comment s'opère la remise du matériel ?
R. Le matériel est reçu après visite contradictoire. Il est établi deux factures d'expédition (V. 333) : l'une sur papier rose appelée *sortie* qui reste à la batterie et sert de décharge au capitaine commandant, l'autre sur papier blanc qui s'appelle *entrée* et reste à l'établissement qui reçoit le matériel.

CHAPITRE VIII.

Construction des batteries.

Définitions et considérations générales.

336. — D. Qu'appelle-t-on *batterie de siège*?

R. C'est un emplacement disposé pour un certain nombre de bouches à feu de siège. Construire une batterie de siège, ou plus simplement *une batterie*, c'est préparer cet emplacement de manière que le service des pièces y soit le plus facile possible, de manière aussi que le matériel et le personnel soient à l'abri des feux de l'ennemi.

337. — D. Quels sont les principaux éléments d'une batterie?

R. La partie essentielle est une masse de terre appelée *épaulement*, *parapet* ou *coffre*, ou encore *masse couvrante*, parce qu'elle est destinée à couvrir les bouches à feu placées derrière et à les abriter des vues et des coups de feu de l'ennemi (V. 308).

Les terres proviennent d'un *fossé* qu'on creuse en avant (c'est-à-dire du côté de l'ennemi), et en général aussi d'une excavation qu'on fait en arrière pour y placer les plates-formes.

Le terrain plan sur lequel on établit les plates-formes s'appelle *terre-plein* (ou *terre-plain*).

Les *plates-formes* sont les emplacements où l'on place les pièces. Elles y reposent en général, par les roues et la crosse (V. 363).

> Quand le terre-plein est au-dessous du sol, on dit que la batterie est *enfoncée*. Quand les plates-formes sont établies sur le sol même, on dit que la batterie est *sur le sol*. Ce cas est rare : en général, on ne construit que des batteries enfoncées.

338. — D. Quelles dimensions donne-t-on, en général, à la masse couvrante ?

R. On lui donne environ 2^m de hauteur, de façon à bien couvrir sur une certaine longueur les hommes placés en arrière.

On lui donne de 7 à 8 mètres d'épaisseur entre les deux crêtes (V. 339), afin qu'elle ne puisse pas être traversée par les projectiles ennemis et qu'elle ne s'éboule pas facilement quand ils éclatent à l'intérieur.

339. — D. Quelles sont les parties principales de l'épaulement ?

R. L'épaulement est terminé par trois faces : une du côté de l'extérieur (c'est-à-dire du côté de l'ennemi), une à la partie supérieure, une du côté de l'intérieur.

La face tournée vers l'ennemi s'appelle *talus extérieur*.

> Elle est généralement à *terre coulante*, c'est-à-dire à l'inclinaison que prennent naturellement les terres quand on les jette à la pelle. On ne s'attache pas à les faire tenir plus roides, ce qui permettrait de rapprocher le fossé (V. 342) du pied du talus ; et ce serait là un avantage, car on pourrait jeter plus facilement à leur place les terres destinées à former la masse couvrante. Mais les projectiles ennemis se-

raient rapidement ébouler la partie roide de la pente, les terres rouleraient dans le fossé et viendraient le combler. En même temps l'épaulement s'amincirait.

La face tournée vers l'intérieur s'appelle *talus intérieur* : de ce côté, les terres sont soutenues le plus roide possible au moyen de ce qu'on appelle des *revêtements*. On dit alors que le talus est *revêtu*.

Cette disposition a pour but de permettre de rapprocher le plus possible les pièces de la masse couvrante.

La partie supérieure de l'épaulement comprise entre le talus intérieur et le talus extérieur s'appelle *plongée*.

La plongée est généralement horizontale : dans ce cas, l'épaisseur de la masse couvrante (V. 338) n'est autre chose que la largeur de la plongée.

Quand les terres sont argileuses on donne à la plongée une faible inclinaison, juste assez pour écouler les eaux de pluie à l'extérieur.

La ligne suivant laquelle la plongée rencontre le talus intérieur (ou extérieur) se nomme *crête intérieure* (ou *extérieure*).

La hauteur de la masse couvrante (V. 338) est la hauteur de la crête intérieure au-dessus du terre-plein.

Les *embrasures* sont des échancrures pratiquées dans l'épaulement pour donner passage à la volée des pièces et aux projectiles qu'elles tirent.

En général, les batteries de mortiers n'ont pas d'embrasures : on évite d'en faire chaque fois qu'on le peut, parce que les créneaux qu'elles forment servent de point de mire à l'ennemi (V. 436) et parce qu'elles s'obstruent facilement par l'éboulement des joues (V.

340), dès lors, on ne peut plus tirer avant d'avoir déblayé l'embrasure, travail dangereux surtout le jour.

Quand un canon tire par-dessus l'épaulement, sans embrasure, on dit qu'il tire *à barbette*.

C'est le genre de tir des canons de campagne placés derrière des épaulements rapides (V. 317).

Les pièces qui tirent à barbette ont un champ illimité.

On appelle *champ* d'une embrasure l'espace de terrain que le pointeur, regardant par l'œilleton de la hausse, peut voir en faisant prendre à la pièce toutes les positions successives.

Le champ est limité par les joues sur lesquelles vient buter la volée quand on porte la flèche trop à droite ou trop à gauche et qui, arrêtant le regard, empêchent de voir le terrain en avant.

340. — D. Quelles sont les principales parties de l'embrasure ?

R. On distingue *l'ouverture intérieure*, pratiquée dans le talus intérieur. Le bas de l'ouverture s'appelle le *seuil*: il doit être à hauteur de genouillère (V. 136) au-dessus du pied du talus intérieur. La distance du seuil à la crête intérieure s'appelle la *profondeur* de l'embrasure. Moins l'embrasure est profonde, moins l'ennemi la voit, mais aussi moins les servants sont à couvert.

L'ouverture extérieure est la partie suivant laquelle l'embrasure découpe le talus extérieur.

L'embrasure comprend trois faces : une qui forme le *fond* et deux qui forment les côtés ou les *joues*.

Les joues sont généralement faites à terre coulante (V. 339) pour éviter leur éboulement.

Quand le fond de l'embrasure monte en allant du dedans au dehors de la batterie, on dit que l'embrasure est à *contre-pente*. Dans ce cas il se peut que le fond vienne rencontrer la plongée : alors il n'y a pas d'ouverture extérieure.

Le milieu du fond de l'embrasure s'appelle *direc-*

12

trice parce qu'il correspond à la direction habituelle du tir.

Quand la directrice est perpendiculaire (ou oblique) à la crête, l'embrasure est dite *droite* (ou *oblique*).

341. — D. Quels sont les avantages du terre-plein enfoncé ?

R. En creusant l'excavation du terre-plein on trouve des terres qui servent à former l'épaulement. En menant le travail des deux côtés à la fois, par le fossé et par le terre-plein, on va plus vite et plus commodément qu'en mettant la même quantité de travailleurs d'un seul côté.

La hauteur de l'épaulement est formée en partie par les terres vierges laissées en avant de l'excavation : il y a donc économie de temps ; de plus, la base formée de terres vierges est solide et donne de la résistance à la masse couvrante.

Enfin, pour une même hauteur, la masse couvrante dépasse d'autant moins le sol, a d'autant moins de relief et, par conséquent, est d'autant moins visible que le terre-plein est plus enfoncé.

Les plates-formes, pour ne pas se déformer pendant le tir, doivent s'appuyer sur de la terre rassise et jamais sur une terre fraîchement rapportée.

Quand une batterie est enfoncée on prépare l'écoulement des eaux qui peuvent tomber sur le terre-plein en inclinant convenablement le terrain et en conduisant les eaux par des rigoles soit dans des *puisards*, soit dans le fossé.

342. — D. Comment est tracé le fossé ?

R. A 50 centimètres au moins du talus extérieur. On commence à le creuser, sans trop s'écarter de l'épaulement pour n'avoir pas à jeter les terres trop loin :

mais on ne s'astreint à aucune régularité dans le tracé du fossé. Sa forme et ses dimensions sont réglées d'après le plus ou le moins de facilité qu'on a à en extraire les terres et d'après la distance où on est de la partie de l'épaulement qu'on veut faire (V. 337).

La partie du terrain comprise entre le pied du talus extérieur et le bord du fossé s'appelle *berme* (ou *berme*) : elle permet d'avancer un peu le talus extérieur, si on veut augmenter l'épaisseur du parapet, et sert à arrêter l'éboulement de la masse couvrante.

Généralement les bords du fossé sont à terre coulante (V. 339).

343. — D. Les batteries se composent-elles seulement du terre-plein, de la masse couvrante et du fossé ?

R. Il y a d'autres parties accessoires, telles que des rigoles pour l'écoulement de l'eau, des *rampes* à la queue des plates-formes pour permettre de les *armer*, c'est-à-dire d'y amener les pièces, des parados, des traverses (V. 246), des observatoires (V. 238), des dépôts de munitions, des magasins à poudre (V. 306), des abris pour les servants, etc.

344. — D. Qu'est-ce qu'une *traverse* ?

R. C'est une masse de terre placée entre deux pièces et qui a pour but d'arrêter les coups qui viennent de la droite ou de la gauche et d'empêcher les éclats d'un projectile tombé près d'une pièce d'atteindre la voisine. Quelquefois on ne met de traverses que de deux en deux pièces, ou, comme on dit, on ne *traverse* que toutes les deux pièces. En pareil cas, on resserre le plus possible l'une contre l'autre les deux pièces placées entre deux traverses successives.

Généralement, on donne aux traverses destinées à abriter contre les coups obliques une épaisseur de 6 mètres, comptés à la base. On laisse à terres coulantes (V. 339) le côté exposé aux coups dangereux ; on revêt l'autre pour perdre le moins de place possible. On arrête d'ordinaire la traverse à hauteur de la crête pour qu'elle ne dépasse pas et ne soit pas visible de loin (V. 339).

Quand la traverse est uniquement destinée à empêcher les éclats tombés près d'une pièce d'atteindre la voisine, quand c'est simplement ce qu'on appelle une traverse *pare-éclats*, on lui donne une bien moindre épaisseur.

On construit aussi des *parados* contre les éclats de projectiles qui, passant par dessus la batterie, viendraient à éclater en arrière du terre-plein ; ces parados consistent d'ordinaire en un simple talus fait avec des terres jetées en arrière du terre-plein.

Quelquefois on est obligé de prolonger les traverses sur toute la largeur du terre-plein. Il faut alors y pratiquer, généralement tout contre l'épaulement, un passage ou couloir permettant d'aller d'une pièce à l'autre.

D'ordinaire, ces passages sont *blindés*.

345. — D. Qu'appelle-t-on *blindage* ?

R. C'est une toiture recouverte par une assez forte épaisseur de terre ou de sacs à terre (V. 354). Elle peut être inclinée ou horizontale.

On fait les blindages avec des rails ou des traverses de chemin de fer, avec des poutres ou des solives provenant de démolition, avec des jambourdes (V. 364), etc.

Au besoin, on les fait avec des arbres de moyenne grosseur, non équarris et coupés en rondins. On bouche les joints en entre-croisant les bois ou en les couvrant avec du fascinage.

346. — D. Quelles sont les opérations successives que comporte la construction d'une batterie et auxquelles les sous-officiers, brigadiers et canonniers ont à prendre part ?

R. 1° Fabrication des fascinages (V. 347-355).
    2° Tracé de la batterie (V. 356).
    3° Disposition des travailleurs (V. 357).
    4° Exécution du travail, construction de la batterie, application des revêtements (V. 358-362).
    5° Établissement des plates-formes (V. 363-364).
    6° Armement de la batterie (V. 365).

Matériaux pour revêtements.

347. — D. Qu'appelle-t-on *fascinages* ?

R. Ce sont des dispositifs faits avec du menu bois et destinés à soutenir les talus roides, c'est-à-dire à les revêtir (V. 339).

On distingue le fascinage proprement dit, qui est simplement fait avec des fagots plus ou moins gros, plus ou moins forts, et le *clayonnage*, qui est la surface obtenue en entrelaçant du menu branchage autour de forts piquets, les brins des branches allant alternativement en dedans et en dehors des piquets.

Quand chaque brin est entre-croisé avec un autre de manière à passer alternativement par dessus et par dessous, on dit que le clayonnage est *à deux brins*.

Le bois à fascinage doit être droit, flexible, garni de rameaux, dépouillé de ses feuilles ; il faut l'employer peu de temps après qu'il est coupé pour qu'il soit encore flexible ; s'il est trop sec, on le trempe dans l'eau pendant au moins 24 heures, immédiatement avant de s'en servir.

On consolide les fascinages et les clayonnages au moyen de liens appelés *harts* et qui sont faits de bois flexibles tortillés et repliés en boucle du côté du petit bout.

On emploie aussi le fil de fer galvanisé pour confectionner les harts.

48. — D. Quels sont les fascinages (proprement dits) employés le plus fréquemment ?

R. Les *fascines*, qui sont de petits fagots de tailles différentes, principalements utilisés à boucher des trous, à couvrir des joints, à réparer des revêtements, etc.

Les *saucissons*, qui sont de longs et gros fa-

12.

gots cylindriques. Ils ont un mètre de circonférence (ou environ 33 centimètres de diamètre) et sont longs de 6^m,30.

Les saucissons donnent les revêtements les plus solides, mais ils usent beaucoup de bois et leur grand poids rend souvent leur mise en place difficile.

On pourrait croire qu'il n'est pas bien utile de donner aux fascinages et aux clayonnages les formes et les dimensions réglementaires. C'est pourtant le seul moyen d'éviter qu'en construisant des revêtements, il se produise des ouvertures, des bâillements entre lesquels la terre du talus revêtu puisse passer. Quand il en est ainsi, le talus perd peu à peu sa solidité et finit par s'effondrer, surtout par l'effet des pluies.

349. — D. Comment confectionne-t-on un saucisson ?

R. On commence par établir le *chantier*. C'est une rangée de *chevalets* formés de deux forts piquets enfoncés obliquement en terre, placés en croix et reliés par plusieurs tours de mèche à canon. Chaque chevalet est en forme d'X.

C'est sur ces chevalets, bien alignés préalablement, qu'on place les branches garnies de leurs rameaux, les gros bouts coupés en biseau (ou, comme on dit, *en sifflet*) à l'extrémité, les sifflets tournés vers l'axe du saucisson et disposés en retraite de bas en haut, parce que les branches d'en haut glissent en dehors d'environ 10 ou 15 centimètres lorsqu'on place les harts.

Cette pose des harts se fait au moyen d'un *cabestan*, c'est-à-dire en entourant le saucisson d'une corde terminée à chaque extrémité par une boucle en fer dans laquelle on engage un levier destiné à serrer la corde et par conséquent le saucisson, quand on appuie dessus.

On serre plus qu'il n'est nécessaire pour placer la hart, parce que le saucisson reprend un diamètre plus fort quand on lâche le cabestan.

On commence par placer une hart à 20 centimètres de chaque extrémité. On en place ensuite une troisième vers le milieu de la longueur, mais provisoirement.

Ceci fait, on en met deux ou trois à l'un des bouts, deux ou trois à l'autre, etc., et l'on arrive, en continuant ainsi, jusqu'à la hart provisoire du milieu.

Les harts sont espacées de 20 à 30 centimètres au plus. Chaque hart est retenue dans sa boucle par une *rosette*. Toutes les rosettes doivent être en ligne droite. On arrête le bout de chaque hart en l'engageant sous celle qui vient d'être placée immédiatement avant.

Quand le saucisson est terminé, on le *pare*, c'est-à-dire qu'on enlève à coups de serpe les bouts de branche qui dépassent et qui pourraient empêcher le saucisson de s'appliquer sans bâillement, bien exactement sur un autre saucisson (V. 348).

Ensuite, on le redresse à coups de masse et on le pose sur un terrain bien plan pour éviter qu'il se déforme.

350. — D. Quelles sont les différentes espèces de clayonnages ?

R. Les *claies* sont des clayonnages plans qui ont peu de solidité, mais dont la confection emploie peu de bois.

Les *gabions* sont des sortes de tambours ouverts aux deux bouts : leur clayonnage a 1 mètre de hauteur, et leur diamètre est de 56 centimètres.

351. — D. Comment confectionne-t-on les claies ?

R. Généralement on enfonce à l'endroit même où l'on veut établir la claie de solides piquets distants de 20 à 25 centimètres et qu'on enfonce fortement en terre.

On leur donne une inclinaison un peu plus faible que celle que doit avoir le talus terminé, parce que la poussée des terres redresse la claie. Pour éviter que cette poussée ne soit trop forte, on assujettit quelques-uns des piquets à différentes hauteurs au moyen de *harts de retraite* (V. 359).

Ceci fait, on clayonne à un brin à partir du bas jusqu'à ce qu'on ait atteint la hauteur qu'on veut donner au revêtement.

352. — D. Comment confectionne-t-on les gabions ?

R. On fixe en terre, par la pointe, 7 piquets enfoncés bien verticalement, les pointes placées à égale distance l'une de l'autre sur un cercle de 56 centimètres de diamètre. On se sert à cet effet, en général, d'un *gabarit*, disque en bois de 56 centimètres de diamètre, et entaillé sur son pourtour de 7 entailles équidistantes.

Après l'avoir posé à terre pour planter les piquets, on le remonte jusqu'à la moitié de la hauteur à peu près, et on l'y assujettit au moyen de cordes.

On clayonne alors à deux brins autour des piquets à partir du gabarit, en montant. On commence par le gros bout des brins, qu'il faut toujours mettre en dedans. On serre de temps en temps le clayonnage à coups de maillet. Arrivé à l'extrémité des piquets, on place 4 harts, dont 2 seulement à des piquets qui se suivent.

On arrache le gabion de terre, on le retourne, on enlève le gabarit, et on recommence à clayonner en montant, en ayant bien soin de tourner dans le même sens ou à la même main, c'est-à-dire de droite à gauche (ou de gauche à droite), si précédemment on clayonnait de droite à gauche (ou de gauche à droite).

Quand le gabion a la hauteur voulue, on l'arrête par 4 harts, dont trois placées aux piquets qui n'en ont pas encore.

On pare (V. 349) extérieurement le gabion, mais on a soin de laisser à l'intérieur le plus de branchages possible, afin de retenir la terre qui doit être mise dans les gabions et de boucher les joints qui existent forcément entre les brins de bois.

> Pour donner au gabion une forme bien cylindrique, il y a à prendre des précautions que la pratique seule apprend. Ainsi, on ne doit pas employer de piquets à double courbure, c'est-à-dire tordus dans deux sens différents.
>
> Quand les piquets sont courbes, on tourne toutes leurs courbures du même côté. D'ailleurs, par un coup de serpe habilement donné à la pointe, on peut diminuer beaucoup l'effet de la courbure, etc.

353. — D. Quels sont les différents moyens qu'on a, indépendamment des fascinages, pour revêtir un talus ?

R. On peut employer des sacs à terre, des gazons et des matériaux divers, tels que des barils, des caisses, des bois de charpente ou des planches provenant principalement de démolitions, des sacs de laine ou de coton, des matelas, des traverses ou des rails de chemin de fer, etc., etc....

Les pierres sèches, les rails, les gros bois peuvent donner des éclats dangereux quand un projectile ennemi les atteint ; on évite donc de les mettre aux points où il y a à craindre des coups dangereux.

Les objets combustibles ne doivent pas non plus être exposés directement aux coups de l'artillerie ennemie, parce qu'ils pourraient être promptement incendiés.

354. — D. Qu'est-ce qu'un *sac à terre* ?

R. C'est un sac en forte toile de chanvre bien serrée qu'on remplit de terre et qu'on ferme avec un bout de ficelle engagé dans des œillets faits de chaque côté de la couture, près du bord.

Quand il est plein, il pèse de 12 à 15 kilos et il a une cinquantaine de centimètres de long, environ 13 d'épaisseur et 20 de largeur.

En remplissant les sacs, on évite d'y mettre des mottes de terre, et on tasse la terre par de légères secousses.

Les sacs à terre peuvent servir, dans certains cas, à transporter la terre à bras à une distance un peu considérable.

355. — D. Qu'est-ce que des gazons ?

R. Ce sont des morceaux de terre végétale garnis d'herbes, qu'on découpe sur une épaisseur d'environ 15 centimètres, soit en forme de carrés, soit en forme de rectangles (carrés longs).

Les gazons carrés s'appellent *panneresses* et les gazons rectangulaires s'appellent *boutisses*. On découpe aussi quelquefois, surtout pour mettre dans les angles, des *coins* dont les formes et les dimensions sont variables et dépendent de l'angle à former.

La terre est prise autant que possible dans une

prairie dont l'herbe soit fine et serrée : le sol ne doit être ni trop sablonneux ni trop argileux. On fauche d'abord l'herbe de très-près ; si le terrain est trop sec, on l'arrose préalablement.

On coupe les gazons avec une pelle carrée placée de champ, qu'on dirige avec le manche, comme le soc d'une charrue. Deux hommes tirent, à l'aide d'un levier ou d'un manche d'outil, sur une corde attachée à la douille de la pelle.

On assure la direction de celle-ci avec une règle ou un madrier, ou bien avec un cordeau.

Les gazons sont enlevés un à un avec la pelle ronde.

Toute batterie emporte les faux et les pelles rondes ou carrées nécessaires pour ce travail (V. 183).

Tracé et disposition des travailleurs.

356. — D. Qu'appelle-t-on faire le *tracé* ?

R. C'est marquer sur le terrain, au moyen de cordeaux, de cordes, de fascines, de piquets, etc., les lignes principales de la construction.

> Ce travail se fait généralement à la nuit tombante; il est indispensable qu'il soit fait vite et avec soin, surtout si la construction de la batterie doit se faire dans une nuit (V. 365).
>
> Ce n'est qu'avec un bon tracé qu'on peut éviter la confusion et le désordre.
>
> Les parties essentielles du tracé sont les lignes qui subsistent pendant la durée du travail, c'est-à-dire les intersections du sol avec les remblais et les déblais; il indique donc, en général, les bords de

l'excavation du terre-plein et du fossé, le pied du talus intérieur et du talus extérieur, les communications, l'encadrement des rampes d'armement (V. 343), etc.

On complète ces indications en marquant par des piquets les directrices d'embrasures (V. 340), en plaçant des cordeaux qui figurent les crêtes, en disposant des *profils* qui se composent d'une latte de bois ou d'une ficelle placée suivant l'inclinaison du talus intérieur et commençant au pied de ce talus pour aboutir à la crête intérieure, allant de là à la crête extérieure, par le chemin le plus court, en suivant l'inclinaison de la plongée et enfin allant rejoindre au plus court le pied du talus extérieur, en suivant son inclinaison.

Ces profils sont soutenus par des pièces de bois ou de forts piquets.

357. — D. D'après quelles règles sont disposés les travailleurs ?

R. Les travailleurs doivent être conduits directement à la place où ils ont à travailler, et on leur définit exactement leur besogne afin d'éviter toute perte de temps.

Ils apportent avec eux leurs outils : les uns se servent de la pioche (*piocheurs*), les autres de la pelle (*pelleteurs*). D'autres hommes (*dameurs*) sont chargés de consolider la terre de l'épaulement en la tassant à coups de *dames*. On dame toujours la terre jetée dans les gabions (V. 352).

En cas d'urgence, les hommes emportent chacun une pelle et une pioche, dont ils se servent alternativement sans prendre de repos.

Le plus ordinairement, chaque groupe de piocheurs est accompagné d'un groupe de pelleteurs plus nombreux. Chaque groupe travaille et se repose alternativement.

La proportion de pelleteurs et de piocheurs dépend de la nature de la terre ; avec un peu d'habitude, on arrive à la déterminer à première vue ; d'ailleurs, on peut l'établir par le résultat des premiers instants de travail, sauf à la modifier quand la nature du sol sur lequel on creuse vient à changer.

Pour jeter les terres sur une grande distance ou à une grande hauteur, on s'y prend à plusieurs fois en la lançant sur des points intermédiaires appelés *relais*, d'où elles sont reprises par des pelleteurs et jetées de relai en relai, jusqu'à leur place définitive.

En général, il n'y a pas à établir plus d'un relai soit en distance, soit en hauteur, dans les constructions de batteries.

La position des relais se détermine assez facilement si on a de la pratique. D'ailleurs, elle est habituellement fixée par les officiers.

358. — D. Comment exécute-t-on d'ordinaire la construction de la batterie ?

R. Les travailleurs sont répartis en trois groupes (si la batterie est enfoncée, ce qui est le cas le plus fréquent).

Un premier groupe creuse le terre-plein et jette les terres soit directement sur l'emplacement de la masse couvrante, soit sur les relais, d'où elles sont lancées, par des auxiliaires, au point convenable.

Le second groupe creuse le fossé et opère d'une façon analogue. Les bermes (V. 342), sont généralement employées comme relais.

Le troisième groupe dame la terre de l'épaulement et travaille au revêtement du talus intérieur.

On évite de mettre des pierres dans le coffre.

Exécution des revêtements

359. — D. Comment se fait un revêtement en gabions ?

R. On pose une ligne de gabions jointifs, en

les inclinant, le clayonnage touchant le sol. On les remplit de terre qu'on dame avec soin.

Si les terres sont friables, on met une petite fascine derrière le joint de deux gabions consécutifs.

On maintient fortement les gabions en place au moyen de harts de *retraite* (V. 347) fixées à des *piquets à mentonnet* qui sont noyés dans l'épaulement ou enfoncés dans le sol. On met habituellement un piquet de retraite pour deux gabions.

On peut aussi attacher les harts à des pierres, à des pièces de bois ou mieux à un saucisson de retraite noyé en terre et qui sert à fixer un grand nombre de harts à la fois.

Quand on a à placer un second rang de gabions au-dessus du premier, on opère d'une manière analogue en plaçant les gabions supérieurs à 25 ou 30 centimètres en dedans des gabions inférieurs, mais juste au-dessus d'eux, de façon que les joints se correspondent bien.

Généralement, les revêtements se font, partie en gabions, partie en saucissons.
On met habituellement les gabions la pointe en l'air pour mieux retenir les saucissons ou les gabions placés dessus. Dans la construction des batteries rapides, on mène l'opération très-lestement en agissant ainsi. Le revêtement est pourtant un peu plus solide quand on enfonce les piquets en terre, mais c'est surtout des harts de retraite que dépend sa résistance.

360. — D. Comment exécute-t-on un revêtement en saucissons ?

R. On enterre le premier rang de saucissons dans une rigole d'une dizaine de centimètres de profondeur : les saucissons, dans chaque rang, sont *lardés* entre eux, c'est-à-dire qu'on lance fortement bout contre bout celui qu'on veut placer sur celui qui est déjà à peu près en place, de façon à faire engager les unes dans les autres les extrémités des branches taillées en sifflet (V. 349).

On consolide encore l'assemblage à l'aide d'une hart.

On larde les saucissons au sol au moyen de *piquets à larder* qui, traversant le saucisson, viennent s'enfoncer en terre.

Au-dessus du premier rang de saucissons, on établit le second rang qu'on met en retraite du tiers environ (10 centimètres), en ayant bien soin que les joints correspondent à des pleins du rang inférieur (V. 80), et on continue ainsi de suite jusqu'au haut du revêtement, en ayant l'attention de larder les saucissons à ceux du rang inférieur et de les retenir par des harts de retraite (V. 359).

Le nombre des piquets à larder et des piquets de retraite dépend des circonstances.

On évite de placer des joints au seuil des embrasures.

A mesure que les saucissons sont posés, on dame la terre derrière eux.

361. — D. Comment fait-on un revêtement en gazon ?

R. Le revêtement se fait par couches composées alternativement de deux panneresses et d'une boutisse (V. 355). Chaque couche est perpendiculaire au talus à revêtir; celle du bas est enterrée sur la moitié de sa hauteur. A cet effet, on commence par creuser une rigole de 7 à 8 centimètres de profondeur au pied du talus. Les gazons sont placés, l'herbe en dessous, sauf pour la dernière couche qui est toute en panneresses disposées l'herbe en dessus.

Dans chaque couche, on serre les gazons les uns contre les autres et on les dame légèrement avec un maillet. On dame la terre derrière.

On a soin de bien niveler chaque couche et de contrarier les joints, c'est-à-dire de mettre pleins sur joints (V. 80).

En été, on arrose le revêtement jusqu'à ce que l'herbe ait repris.

Quand la terre du talus est légère, c'est-à-dire peu solide, on y maintient chaque gazon par un petit piquet enfoncé en son milieu.

Quelquefois, on met sur la plongée et le talus extérieur des gazons posés à plat, l'herbe en dessus et maintenus par de petits piquets. Cette disposition a pour but d'empêcher le vent ou la pluie de détériorer les terres, et non pour effet de soutenir celles-ci ; ce n'est donc pas là un revêtement (V. 339) à proprement parler.

362. — D. Comment se fait un revêtement en sacs à terre ?

R. Il se fait à peu près comme le revêtement en gazon, par couches disposées pleins sur joints.

Dans chaque couche, les sacs placés sur leur plat présentent alternativement au dehors leur grand côté ou leur fond, de sorte qu'ils sont disposés à la manière des panneresses et des boutisses.

L'ouverture des sacs qui forment boutisses est placée en dedans.

Pour consolider ce revêtement on le relie, de distance en distance, avec l'épaulement, au moyen de harts de retraite assez longues fixées, par un bout, à l'intérieur du coffre et attachées, par l'autre, à des planches placées contre le talus intérieur.

Construction des plates-formes.

363. — D. D'après quels principes sont construites les plates-formes ?

R. Les plates-formes devant être solides sont établies sur une base d'autant plus résistante que les percussions de l'affût sont plus considérables.

C'est ainsi que, pour les canons de 138 millim., on met, pour soutenir le plancher, un lit de béton, c'est-à-dire de pierres agglomérées par du mortier.

Les plates-formes sont élevées au-dessus du terre-plein pour diminuer la profondeur de l'embrasure (V. 340). On les relie au terre-plein par des gradins ou par des plans inclinés.

Les plates-formes ont généralement une inclinaison d'avant en arrière pour limiter le recul, mais on évite qu'elles aient une inclinaison de droite à gauche ou de gauche à droite, dont l'effet soit de produire une différence entre le niveau des deux roues (V. 236). Les effets de ce déversement sont d'autant plus considérables que la portée est plus grande.

La plate-forme peut former un plancher continu ou donner appui seulement aux roues et à la crosse. Dans ce dernier cas, on l'appelle *plate-forme volante*.

Cette disposition présente moins de solidité que les autres; mais elle exige moins de bois, et elle se prête à une construction plus rapide. Aussi est-elle souvent employée.

Toutefois, elle n'est pas applicable au cas où la pièce peut avoir à tirer dans plusieurs directions différentes. Dans ce cas, la plate-forme doit former un plancher continu sans aucune inclinaison d'avant en arrière.

En tous cas, on doit éviter avec soin les inégalités de la plate-forme (V. 223).

364. — D. Comment sont construites les plates-formes ?

R. Elles sont généralement composées de deux ou plusieurs lits de pièces de bois superposés et placés dans des directions perpendiculaires ; elles présentent leur plus grande force sous les roues et la crosse.

Les bois employés sont des lambourdes et des madriers.

Les *lambourdes* ont au moins 2 mètres de long ; leur section est carrée, c'est-à-dire que leur épaisseur est égale à leur largeur.

Les *madriers* ont une assez grande longueur (environ 3 mètres), et leur épaisseur est au plus le tiers de leur largeur.

> Les bois employés dans la construction des plates-formes sont souvent trempés dans la dissolution qu'on emploie pour les poteaux du télégraphe et qui les empêche de pourrir. On dit alors que ces bois sont *sulfatés*.

Les bois des plates-formes sont noyés dans la terre : ils y sont maintenus par des piquets, surtout destinés à les empêcher d'être entraînés dans le sens du recul.

> Quelquefois on emploie d'autres matériaux : par exemple, des rails.
> On peut les placer jointivement parallèlement à l'épaulement, soit à plat, soit de champ.
> Ces dispositions ne sont pas réglementaires.

Armement d'une batterie.

365. — D. Comment arme-t-on (V. 349) une batterie ?

R. On amène les pièces, autant que possible, sur leurs avant-trains et dans leur position de tir. En cas d'impossibilité, on met l'affût en place et, au moyen d'une chèvre de tranchée, on fait passer la pièce du porte-corps ou du trique-balle dans ses encastrements (V. 188).

Autant que possible, l'armement de la batterie se fait dans une nuit.

Le soir on fait le tracé; les travailleurs peuvent avoir, en deux heures et demie, excavé assez profondément le terre-plein pour qu'on puisse commencer le travail des plates-formes. Leur établissement demande environ une heure et demie. Au bout de 5 heures, on doit donc pouvoir être en état d'amener les pièces et on doit pouvoir ouvrir le feu au lever du jour, si le terrain est facile à travailler.

Mais la batterie est loin d'être achevée; il faut au moins une nuit pour l'amener à son état définitif.

Magasins à poudre.

366. — D. Comment construit-on les magasins à poudre des batteries de siége?

R. Ce sont des abris blindés profondément enfoncés dans le sol et placés à portée de la batterie. Ils doivent contenir les munitions nécessaires pour la consommation d'au moins 24 heures.

La difficulté de leur construction consiste en ce qu'ils doivent être recouverts d'une forte épaisseur de terre, sans cependant trop faire saillie et servir de but aux coups de l'ennemi. De plus, l'eau tend à se concentrer au fond de ces excavations et il faut l'empêcher de filtrer par la toiture ou d'entrer par l'ouverture qui donne accès dans le magasin.

On a tout intérêt, pour faciliter le travail, à profiter des pentes dont le versant est du côté opposé à l'ennemi pour y établir les magasins à poudre.

Quand on trouve un terrain convenable, à quelque

distance de la batterie, on y établit parfois le magasin à poudre, mais alors on prépare dans la batterie même, ou tout à côté, des dépôts de munitions (V. 343), c'est-à-dire des excavations creusées dans la terre vierge et convenablement revêtues et étayées, dans lesquelles on place les munitions soit sur des étagères, soit dans des caisses de double approvisionnement, soit de toute autre manière dépendant des circonstances et des ressources locales.

Il suffit de quelques voyages par jour du magasin à poudre aux dépôts de munitions pour approvisionner ces derniers.

FIN.

TABLE ALPHABÉTIQUE.

DES MATIÈRES CONTENUES DANS CE VOLUME.

A

Abreuver, Abreuvoir. — 183. 285. 329.
Abri. — 147. 211. 316 et suiv. 337. 343 366.
Abri-vent. — 304.
Accessoire. — 114. 132. 183. 252.
— d'embarquement en chemin de fer. — (V. *Embarquement*).
Acier. — 13. 15. 16. 25. 33. 35. 36. 51. 60. 127. 161.
Adjudant. — 240. 251. 297. 303.
Affût. — Chap. IV. — 184. 212. 220. 253. 255. 299. 365.
Agrès. — 256.
Ailettes. — 60. 61. 62. 114.
Alidade. — 242.
Allure. — 7. 82. 126. 136. 175. 243. 288. 290. 291. 296. 297.
Amarres. — 195.
Ame. — 14. 60. 183. — (V. *Rayure*).
Amont. — 195.
Amorçage, Amorce. — 92. 93. 94. 101. 102. 104. 106. 109. 111.
Ancre. — 195. 197.
Angle de tir. — 1. 126. 131. 136. 139. 143. 145. 206. 211. 213. 219 et suiv. 232. 244.
Angle limite. — 126. 244.

Anneau. — 133. 143. 157.
— élingue. — (V. *Elingue*).
— des bombes. — 39.
Anse. — 18. 158. 194.
Anspect. — 212.
Appareil à tige cannelée. — 54. 57.
— Moisson. — 54. 55. 56.
— de soulèvement, de pointage, etc. — (V. *Soulèvement, pointage*, etc.)
Appréciation des distances. — 220. 228. 230.
Approvisionnement. — 156. 186. 187.
Appui de roue. — 170.
Arc-boutant. — 90.
Arme portative. — 275. — (V. *Carabine, fusil, mousqueton, revolver, sabre.*)
Armer une batterie. — 188. 189. 343. 346. 365.
— une fusée. — 91. 92. 94.
Armement, assortiment. — 84. 183. 273. 274. 281. 298. 306. 333.
Armement des places. — 15.
Arrière-garde. — 297.
Arsenal. — 158. 159.
Artifice. — 95 et suiv. 333.
Artificier. — 100. 251. 255. 305. 310. 312. 330.
Artillerie. — 245.
Attache des chevaux. — 153. 154. 182. 183. 283. 304.
Attelage, atteler. — 135. 153. 154. 157. 175. 197. 249. 251. 252. 254. 276. 278. 280. 288 et suiv. 294. 298. 299. 301. 305. 319. 320. 325.
Aval. — 195. 294.
Avant-bec. — 195.
Avant-garde. — 293. 297.
Avant-train. — 18. 132. 135. 142. 150 et suiv. 156 et suiv. 169. 172 et suiv. 183. 184. 186. 197. 287. 292. 308. 310. 325. 365.
Avoine. — 270. 285. 324. 329.

B

Bagage. — 153. 252.
Bague. — 10. 11. 24.
— fendue. — 12.
Balle. — 38. 40. 45 et suiv. 86. 222.
— à feu. — 59.
Barbette. — 339.
Barbotin. — 192.
Baril. — 79. 80.
Bateau. — 195. 197. 256. 294.
Bât. — 118.
Battement. — 33. 64.
Batterie. — 257. 271. 283. 296 et suiv. 330.
— à cheval. — 246. 250 et suiv.
— à pied. — 247. 248. 251.
— de montagne. — 247.
— de siége. — 336 et suiv. 365.
— montée. — 246. 247. 249. 251. 252.
Berme. — 342. 358.
Bickford. — 103. 106. 107.
Bissac. — 120. 122. 270. 311.
Bivouac. — 282. 300. 303.
Blessure des chevaux. — 273. 276. 280. 326.
Blindage, blinder. — 344. 345. 366.
Bois. — 88. 135. 138. 149. 158. 161. 164. 345. 347 et suiv. 353. 363. 364.
— de fascinage. — 159. 347 et suiv.
Bois (Ouvrier en). — (V. *Ouvrier*).
Boîte à boulets, à caffûts. — 38. 51. 54. 58.
— à graisse. — 183. 330.
— à mitraille. — 40. 51. 52.
— de roue. — 163. 164.

— 228 —

Bombardement. — 227. 229. 244.
Bombe. — 38. 39. 53. 72. 91. 143. 237.
— (Tir en). — (V. *Tir vertical*).
Bord, bordage. — 195.
Bottillon — 324 et suiv.
Bouche (Chargement par la). — (V. *Chargement*).
Bouche à feu. — Chap. Ier. — 125. 212. 249.
Bouchon. — 229.
Boulet. — 38. 40. 57. 72.
Bourgeron. — 192. 259.
Boussole. — 183. 229. 242.
Boutisse. — 355. 361. 362.
Bouton de culasse. — 135. 139.
Brague. — 145. 176.
Brancard. — 160. 197. 287. 292.
Branche de support. — 160. 173.
Brêlage. — 28. 131. 325.
Bricole. — 135. 175. 280. 326.
Bride. — 276. 287. 326.
Brigade. — 245.
Brigadier. — 251. 273. 275. 276. 278. 281. 298. 305. 308. 306.
Bronzage. — 36.
Bronze. — 8. 13. 14. 51. 60. 81. 88. 127. 139. 140. 164. 165.
Brosse. — 183.

C

Cabestan. — 349.
Cadenas. — 183. 274. 306. 330. 333.
Caffûts. — 58.
Caisse. — 192. 353.
— à charbon. — 150.

Caisse aux instruments. — 132. 183. 230. 240. 241. 305.
— aux menus objets. — 183. 187.
— blanche. — 123. 124. 157. 366.
— de montagne. — 117. 118.
— de parc. — 150.
— de poudre. — 79. 80.
Caisson. — 134. 183. 252. 253. 255. 273. 292. 298. 299. 301. 305 et suiv. 313.
Cale. — 157. 324. 325. 330.
Calibre. — 2. 4. 6. 249. 250.
Campagne. — 7. 8. 36. 76. 108. 109. 113. 126. 147. 150. 173. 217. 230. 246. 252. 254. 268. 272. 333. 339. — Chapitre VII.
Campement. — 182. 282. 284. 300 et suiv.
Canal de lumière. — (V. *Lumière*.)
Canon. — 1. 2. 7. 8. 14 et suiv. 88. 94. 115. 155. 158. 206. 212. 217. 223.
— à balles. — (V. *Mitrailleuse*.)
Cantonnement. — 282. 304.
Capelage. — 229.
Capsule. — 86. 102. 113.
Carabine. — 254. 266.
Carrossage. — 162.
Carte. — 229. 242.
Cartouche. — 8. 86. 105. 118. 120. 124. 259. 266. 311.
— -amorce. — 109. 111.
Casemate. — 147.
Cercle. — 178.
Chaîne. — 191. 192.
— de bout de timon. — 160. 175.
— d'échappement. — 179.
— d'embrêlage. — 173.
— d'enrayage. — 178. 179.
Chambre. — 12. 39. 46. 47. 48. 74. 183. 217. 315.

Champ. — 339.
Chandelles. — 183.
Chantier. — 349.
Chapeau. — 193. 196.
Charbon. — 73. 75. 150.
Charge. — 1. 3. 5. 114. 143. 217.
— de guerre, maximum. — 209. 210. 244.
— diminuée. — 94. 226.
Chargement des projectiles. — 39 et suiv. 88.
    — des voitures. — 151 et suiv. 273 et suiv.
    — par la bouche. — 14. 27. 29. 33. 60. 92. 143. 183.
    — par la culasse. — 2. 8. 29. 31. 33. 90. 93.
    — par le petit (grand) côté. — 325.
Chariot. — 113. 152. 154. 155. 159. 183. 186. 252. 253. 255. 298. 299.
Châssis. — (V. *Grand châssis, petit châssis*). — 149.
Châtrer. — 167.
Chef artificier. — 100. 251.
Cheval. — (V. *Attache des chevaux, attelage,* etc.) — 151. 249 et suiv. 254 et suiv. 262 et suiv. 268. 273 et suiv. 285 et suiv. 296 et suiv. 320. 321. 324. 325. 329.
Chevalet. — 196. 197. 251. 256.
Cheville. — 145. 149. 173.
Chèvre. — 18. 188 et suiv. 365.
Chiffons. — 183.
Civière. — 192.
Claie, clayonnage. — 347. 350. 351.
Clef. — 183. 241. 274. 333.
— à écrous. — 184. 186.
— à fusées. — 183.
— de manœuvre. — 139. 213.
— tourne-vis. — 23. 24. 183. 184.
Cloison. — 21. 62. 63. 65.

Clous. — 27.
Coaltar. — (V. *Colthar.*)
Coffre. — (V. *Epaulement.*) — 153. 154. 183.
— de munitions. — 66. 67. 81. 114 et suiv. 133. 174. 183. 185. 281. 287. 294. 306. 310. 333.
Coffret. — 183. 294.
Coin. — 355.
— de mire. — 143. 149. 213. 222.
Colleron. — 173.
Colonne. — 249. 275. 292 et suiv.
Colthar. — 35.
Commission d'expériences. — 232.
Compagnie du train. — 254. 255. 257. 271.
Composition des batteries, compagnies, etc. — (V. *Batterie, compagnie,* etc.)
Composition éclairante. — 97.
— fusante. — 90. 91. 96.
Comptabilité. — 330. 334. 335.
Conducteur. — 175. 249. 251. 253. 254. 275. 280. 288. 289. 290. 294. 305. 312. 327.
Conservation de la dynamite, de la poudre. — 80. 111. 112.
— des appareils de pointage. — 131.
— des bouches à feu. — 34. 249.
— des projectiles. — 68 et suiv.
Construction des batteries. — Chapitre VIII.
— des plates-formes, des revêtements, etc. — (V. *Plate-forme, Revêtement,* etc.).
Contre-appui. — 160. 173. 290.
— -dérive. 215.
— -pente. — 221.
Cordage, corde. — 69. 95. 145. 157. 191. 194. 195. 256. 287. 326. 349. 352. 355. 356.
Corde à chevaux. — 182. 183. 283. 304.
Cordeau. — 221. 223. 224. 225. 355. 356. — (V. *Bickford*).

Corps d'essieu. — 162.
Côtes. — 7. 15. 148. 229. 272.
Coup anormal. — 67.
— court, long. — 217. 238. 242.
Couronne d'ailettes. — 60. 114.
— métallique. — 63 et suiv. 114.
Coussinet. — 157.
— de pointage. — 149.
Couteau. — 183. 315.
Cran de mire. — 223.
Crête. — 338. 339. 340. 344. 356.
Cric. — 183. 193.
Crochet. — 183. 315.
— de brancard. — 287.
Crosse. — 125. 127. 128. 136. 137. 138. 212. 216. 223. 225. 243. 344. 363. 364.
Cuisine. — 284. 300. 301.
Cuivre. — 16. 64. 67. 79. 80. 81.
Culasse. — 8. 10. 23. 25. 31. 33. 74. 118. 157. 274. 294. 306. 315. 319.
Culot. — 39. 43. 84.
Curseur. — 218. 225. 231.

D

Dame, dameur. — 259. 359. 360. 361.
Débarquement. — (V. *Embarquement*).
Déclassement du matériel. — 154.
Décoiffer une fusée. — 92.
Déculassement. — 74.
Dédoublement. — 254. 257. 271.
Dégorgeoir. 27. 83. 91. 306. 315.
Demi-flèche. — (V. *Flèche*).
— -voiture. — 325.

Démontage des culasses. — 23.
Dépôt de munitions. — 343. 366.
Dérivation, dérive. — 22. 199. 200. 206. 214 et suiv. 223. 225. 232. 234. 235. 236. 239.
Descente. — 176. 280.
Désenclouage. — 29.
Destruction des chemins de fer, des obstacles. — 108. 109. 322.
— des projectiles non éclatés. — 110.
— des télégraphes. — 323.
Déviation. — (V. *Dérivation*).
Dévirage. — 11.
Directrice. — 145. 212. 340. 356.
Distribution des munitions. — 81. 114. 118. 122. 123. 310. 313.
Doigtier. — 183.
Dosage. — 75.
Douille. — 12. 84. 355.
Dynamite. — 29. 101 et suiv. 252. 324.

E

Ecart. — 217. 239.
Echantignolle. — 146. 149.
Echappement. — 179.
Echelon. — 305. 306. 308.
Eclat, éclatement. — 29. 30. 39. 43. 44. 50. 74. 90. 237. 244. 246.
Eclisse. — 28. 30.
Ecole à feu. — 110. 217. 233. 234. 238.
— d'artillerie. 245. 255. 261. 330. 334.
— de pyrotechnie. — 100.
Ecoulement des eaux. — 339. 341. 343.
Ecouvillon. — 183. 315.

Écrasement. — 211.
Ecrou. — 165. 180. 186. 330.
Ecuanteur. — 166-167.
Effectif. — 251. 257.
Elingue. — 18. 194.
Embarquement. — 269. 324 et suiv.
Embase. — 18. 129. 147.
Embrasure. — 136. 147. 221. 339. 340. 356. 360. 363.
Empaillage des projectiles. — 69.
Emplombage. — 84.
Encastrement des tourillons. — 125. 136 et suiv. 146. 189. 193. 365.
Enclouage. — 27.
Encrassement. — 10. 25. 33. 118. 315.
Engerbement. — 80.
Enrayage, enrayure. — 145. 176 et suiv. 289. — (V. *Sabot*).
Enterrer la crosse. — 244.
Entretien. — 25. 131. 192. 249. 278. 330.
Entretoise. — 128. 129. 143. 146.
Epaisseur des parapets, des projectiles, etc. — (V. *Parapet, projectile,* etc.).
Epaulement. — 44. 136. 189. 192. 193. 210. 221. 223. 238. 308. 316 et suiv. 337 et suiv. 357 et suiv.
Eponge. — 183. 280. 315.
Equipage de pont. — 197. 254. 256.
Escarpe. — 7.
Escorte. — 82.
Esse. — 162. 164. 180. 333.
Essieu. — 128. 140. 161. 162. 169. 180. 287
Etoupe. — 114. 118.
Etoupille. — 16. 56. 87. 114. 306. 315.
Excentrique. — 130. 131.
Exhaussement des tourillons. — 136. 138. 146. 193.

F

Facette. — 219.
Facture. — 333. 335.
Fascinage, fascine. — 159. 345 et suiv. 356. — (V. *Bois*).
Faucille. — 183.
Fausse flèche. — (V. *Flèche*).
Faux. — 183. 185. 355.
Fer. — 16. 25. 51. 127. 138. 145. 161. 187. — (V. *Ferrure*).
— (Ouvrier en). — (V. *Ouvrier*).
Fer-blanc. — 84.
Fermeture de culasse. — 8. 25. — (V. *Culasse*).
Ferrure. — 183. 275. 276. 281. 310. 325.
— des chevaux. 185. 259. 269.
Fil à plomb. — 222. 223. 236.
— de fer. — 187. 347.
Flambeau. — 97. 98. 99. 192.
Flasque. — 18. 125. 128. 138. 143. 161. 242.
Flèche. — 135. 138. 139. 141. 170. 203. 205. 325.
Fond. — 340.
Fonte. — 15. 35. 60. 146. 149.
Forcement. — 33. 63. 66. 90.
Forge. — 150. 175. 185. 186. 252. 253. 255. 298. 299. 301.
Fortification. — 7. 147.
Fossé. — 290. 318. 337. 339. et suiv. 356. 358.
Fourgon. — 153. 171. 175. 178. 251. et suiv. 283. 285. 298. 299.
Fourrage, fourragère. — 152. 153. 169. 252. 253. 255. 264. 270. 278. 279. 285. 300. 320. 324. 329.
Fourrier. — 251. 259. 297. 303. 324.

Frein. — 175. 178.
Frette. — 8. 15. 18.
Fronde. — 38.
Frottement. — 127. 139. 140. 164. 177. 179. 276.
Fulminate. — 87. 101. 102.
Fusée. — 39. 42. 56. 88. et suiv. 183. 237. 238.
— d'essieu. — 162.
Fusil. — 76. 248.

G

Gabarit. — 352.
Gabion. — 238. 350. 352. 357. 359.
Galet. — 140. 145. 149. 212.
Garde-chevaux. — 250.
— d'écurie. — 279. 326. 329.
— du parc. — 278. 301. 302.
Garde-parc. — 25. 330 et suiv.
Gargousse. — 81. 83. 84. 85. 114. 281.
Gazon. — 280. 353. 355. 361.
Genouillère. — 135. 136. 144. 147. 149. 168. 193.
317. 340.
Goupille. — 10. 23.
Graduation. — 214. 222. 225. 231.
Grain de lumière. — (V. *Lumière*).
— de poudre. — 76. 77. 78. 81.
Graisse. — 25. 26. 84. 86. 164. 183. 192. 194.
281. 315. 330. 332.
Grand châssis. — 144. 145. 146. 149. 212.
Grandes guides (Conduire à). — 153. 175.
Grenade. — 38. 39. 56. 59.
Grippement. — 10. 315.
Gué. — 294.
Guides. — (V. *Grandes guides*).

Guides de crosse. — 146.
Guidon. — 201. 207. 216. 225. 229.
Guindage. — 195.

H

Hache. — 182. 187.
Hangar. — 34. 255. 259. 330.
Haquet. — 197. 256.
Harnachement. — 151. 157. 173. 175. 185. 259.
   268. 273. 276. 279. 300. 326.
Hart. — 347. 349. 351. 352. 359. 360. 362.
Hauban. — 191. 192. 229.
Hausse. — 20. 32. 180. 183. 201. 202. 206. 207.
   214. 215. 217. 229. 231. 232. 233. 234. 236.
   237. 239. 242. 306. 314.
Hauteur de genouillère, de roues, etc. — (V. *Genouillère, roue,* etc.).
Havre-sac. — (V. *Sac*).
Hayon. — 153.
Huile. — 25. 26. 183. 192. 194.

I

Inclinaison de l'axe des tourillons. — 199. 234. 236. 363.
   — des plates-formes. — 363.
   — des terres. — 339.
Indemnité due aux réservistes. — 261. 264. 267.
Infanterie. — 120. 122. 124. 154. 253. 311. 316.
Instruction. — 114. 230.
Instrument. — 240. 315.

J

Jante. — 163. 167. 178.
Jarretière. — 324. 325.
Joue. — 339. 340.
Jumelles. — 240.
Justesse. — 54. 66. 210. 244.

L

Laiton. — 92. 93.
Lambourde. — 345. 364.
Lanière. — 180. 333.
Larder un saucisson. — 360.
Levier. — 130. 133. 140. 149. 157. 158. 183. 212. 216. 315. 324. 349. 355.
Ligne de flottaison. — 229.
— de mire. — 201. 202. 216. 229. 238.
— de tir. — 61. 198. 202. 222.
Lime. — 25. 186. 187. 315.
Limite du tir efficace. — 52. 244.
Limonière. — 135. 160.
Linguet. — 11.
Lisoir. — 144. 145. 146. 149. 212.
Lisse (Ame). — 14. — (V. *Rayure*).
Livret de bouche à feu. — 233. 234. 333.
Logement. — 278. 279. 282. 297. 303. 320.
— dans l'âme. — 33.
Lumière. — 12. 16. 27. 28. 30. 33. 83. 84.
Lunette. — 183. 240.

M

Madrier. — 195. 256. 324. 330. 355. 364.

Magasin à poudre. — 80. 343. 366.
Manchon. — 9.
Manivelle. — 10. 178. 214. 220. 238.
Manœuvre. — 254. 313.
— de force. — 18. 137. 157. 189. 191. 194. 254.
Maréchal des logis. — 230. 238. 239. 240. 251. 254. 259. 298. 308. 321. 324. 326. 328. — (V. *Pièce*).
— chef. — 240. 251. 324. 330.
— chef artificier, sous-chef artificier. — (V. *Chef artificier, sous-chef artificier*).
Maréchal-ferrant. — 150. 184. 185. 251. 287.
Marteau. — 31. 66. 186.
Masse couvrante. — (V. *Epaulement*).
Masse de campement. — 182. 349.
Masselotte. — 93. 94.
Matériel. — 252 et suiv. 259. 269. 276. 281. 319. 320. 330 et suiv.
— d'attache des chevaux. — (V. *Attache*).
— roulant. — Chapitre IV. — 34.
Mécanique. — 178.
Mécanisme de culasse. — 10. — (V. *Culasse*).
Mèche. — 59. 103. 113.
— à canon. — 95. 349.
— à étoupilles. — 96.
Mentonnet. — 39.
Métal. 64. 127. 138. 146. 164. 194.
Mise au point (d'une lunette). — 240. 242.
— hors de service des bouches à feu. — 27 et suiv. 109.
Mitraille. — 40. 52. — (V. *Boîte à mitraille*).
Mitrailleuse. — 7. 31. 86. 130. 212. 237.
Mobile (Tir contre un but). — 243.
Mobilisation. — 257 et suiv. 333.

Mode d'attelage, de fermeture, etc. — (V. *Attelage, fermeture*, etc.).
Montagne. — 7. 13. 116. 135. 147. 160. 161. 168. 172.
Montant. — 146.
Monte-charge. — 192.
Montée. — 175. 288.
Mortier. — 3. 4. 7. 14. 38. 85. 88. 91. 143. 157. 158. 211. 212. 221. 223. 226. 227. 339.
Mousqueton. — 27. 76. 248. 266. 327.
Moyeu. — 145. 146. 163. 330.
Mulet. — 7. 135. 320.
Munitions. — 259. 294. 331. 343. 367. — (V. *Caisses, coffres*, etc.).
Musette-mangeoire. — 286. 329.

N

Nacelle. — 197.
Nitroglycérine. — 101. 111.
Niveau. — 218. 219. 221. 225. 242. 363.
Nuit (Route de). — 295.
— (Tir de). — 224. 227.

O

Observation des coups. — 237 et suiv. 313.
Observatoire. — 238. 343.
Obturateur. — 8. 12. 24. 25. 26. 31. 33. 120. 180. 315.
Obus. — 38 et suiv. 56 et suiv. 91. 116. 237. 314.
Obusier. — 5. 6. 7. 15. 214.
Œil. — 39. 88.

Œilleton. — 201. 214. 215. 216. 235.
Ordre de marche de l'artillerie. — 296 et suiv.
Organisation de l'artillerie. — Chapitre VI.
Outil. — 31. 114. 118. 132. 150. 151. 154. 155.
 180. 183 et suiv. 192. 281. 310. 315. 317. 332.
 333. 357.
Ouverture du feu. — 307. 365.
Ouvrier. — 150. 151. 181. 186. 187. 251. 255.
 286. 290. 315. 330.

P

Paille. — 320. 324. 328.
Panneresse. — 355. 361. 362.
Parados. — 343. 344.
Parapet. — (V. *Epaulement*).
Parc. — 14. 155 et suiv. 254. 255. 278. 300 et
 suiv. 330. 334.
Parchemin. — 85. 105.
Pare-éclats. — 344.
Parer un gabion, etc. — 349.
Pas des rayures. — 24.
— du cheval. — 175.
Passage difficile (ponts, gués, défilés, etc.). — 290
 et suiv.
Peinture. — 35. 45. 68. 192.
Pelle, pelleteur. — 182. 183. 317. 355. 357.
Percussion. — 136. 214. 363.
Percuteur. — 92. 93. 94.
Pesanteur. — 198.
Pétard. — 105.
Petit châssis. — 145.
Pièce, chef de pièce. — 274 et suiv. 298. 301. 303.
 305. 308. 313 et suiv. 317. 318. 324.

Pied de guerre, de paix. — 251. 257.
Pile de barils, de caisses. — 80.
— de projectiles. — 70.
Pince. — 104. 113.
Pioche, piocheur. — 31. 182. 183. 317. 357.
Pionnier (Outil à). — (V. *Outil*).
Piquet. — 182. 223. 283. 294. 300. 349. 353. 356. 359 et suiv.
Place. — 7. 14. 15. 76. 144. 146. 159. 190. 191. 192. 221. 247. 248. 272.
Plan de tir. — 22. 199. 223.
Planchette. — 202. 214. 223. 225. 236. 238.
Plaque. — 143.
— d'appui de roue. — 170.
— isolante. — 62.
Plate-forme. — 136. 145. 318. 337. 341. 343. 346. 363 et suiv.
Plein-fouet. — 209. 210.
Plomb. — 64. 65. 66.
Plongée. — 339. 340. 356. 361.
Poids des pièces. — 161.
— des projectiles. — 2. 5. 53. 143.
— que peut traîner un cheval. — 175.
— que peut porter un câble, une chèvre, une voiture. — 191. 194. 256.
Poignée. — 10. 11. 132. 183. 310.
Pointage. — 17. 130. 135. 138. 139. 143. 144. 146. 149. 294. 306. 307. 313. 319. — Chapitre V.
Pointal. — 145.
Polygone. — 110. 159.
Pont. — 109. 195 et suiv. 286. 291. 322.
Pont volant. — 325. 326.
Porte-corps. — 143. 155. 157. 188. 365.
Portée. — 52. 126. 205. 214. 226. 234. 235. 238. 242. 363.

Porteur. — 175. 276. 280. 287. 291.
Position de route. — 131. 137. 140. 168. 274.
— de tir. — 137. 140. 168. 307. 365.
Poudre — Chapitre III. — 40. 42. 45. 46. 47. 330.
Poulie. — 191.
Poussier. — 47. 77.
Poutrelle. — 195. 196. 197.
Prélat. — 154.
Prépondérance. — 17. 18. 139.
Prise en charge. — 331. 332.
Procédé de pointage, de repérage, etc. — (V. *Pointage, repérage,* etc.)
Procès-verbal de visite. — 332.
Profil. — 356.
Projectile. — Chapitre II. — 7. 110. 114. 157. 198 et suiv. 313. 314. 338. 339.
Prolonge, prolonger. — 157. 183. 325.
Puisard. — 341.
Pulvérin. — 77. 96.
Pyrotechnie. — 100.

Q

Quart de cercle. — 221.

R

Rail. — 108. 322. 345. 353. 364.
Rais. — 32. 163. 165. 166. 178.
Rampe. — 318. 325. 343. 356.
Ranchet. — 156. 157.
Ration. 270.
Rayure. — 8. 13. 14. 15. 19. 20. 21. 33. 51. 60. 63. 200. 215.

— 244 —

Rechange. — 134. 156. 168. 174. 180. 183. 186. 187. 253. 255. 281. 286. 287. 299. 333.
Rectification du tir. — 217.
Recul. — 18. 74. 125. 136. 140. 144. 145. 161. 168. 172. 176. 178. 179. 212. 214. 318. 363. 364.
Refouloir. — 10. 183.
Régime. — 217. 233. 234.
Régiment. — 245. 246. 247. 254. 255. 274.
Registre-journal. — 334.
Réglage du tir. 239.
Relai. — 357. 358.
Remise du matériel. — 335.
Rempart. — 7.
Remplacement des munitions. — 133. 310. 311. 319.
—   des hommes et des chevaux. — 312.
Renfort. — 18.
Repérage. — 224. 225. 227.
Repoussoir. — 183. 186.
Réquisition. — 320 et suiv.
— (Cheval de). — (V. *Cheval.*)
Réserve (Munitions de, Vivres de). — V. *Munitions, vivres,* etc.) 255. 257. 259. 283.
— de la batterie. — 305. 308. 310. 342.
Réservistes. — 259 et suiv.
Responsabilité du matériel. — 183. 278. 330. 331.
Ressort. — 93. 94. 214. 315.
— à boudin. — 180.
Retraite (Piquet de, Hart de, etc.). — (V. *Piquet, hart,* etc.)
Réunion des deux trains. — 126. 160. 172 et suiv.
Revêtement. 339. 344. 346 et suiv. 351. 353. 358 et suiv.
Revolver. — 120. 124. 249. 254. 266.
Ridelles. — 151. 152. 156.
Rivet-paillette. — 12. 16.

Rondlele d'écartement. — 147.
— de poudre. — 76. 78. 81. 84. 86. 281.
— obturatrice. — 12.
Rosette. — 369.
Rotation. — 19. 60 et suiv. 65. 200.
Roue. — 125. 140. 143. 146. 152. 161 163 et suiv. 173. 174. 180. 225. 281. 325. 330. 333. 363. 364.
Roulement. — (V. Tirage.)
Roulette. — 145. 146. 149.
Route. — 273 et suiv.
— (Position de). — (V. Position.)
Rugueux. — 92. 93.

S

Sabot. — 33. 127. 177. 178. 179. 187. 281. 333.
Sabre. — 249. 254. 266. 327.
Sac à charges, à étoupilles. — 183.
— à terre. — 238. 345. 353. 354. 362.
— d'avoine. — 326.
— de servant. — 132. 273. 284. 306. 327.
— (Vivres du). — 284.
Sachet. — 81. 83. 114. 118. 183. 281.
Sacoche. — 185.
Salpêtre. — 73. 75. 78.
Sangle. — 114. 268. 276. 280. 326.
Saucisson. — 348. 349. 359. 360.
Scie. — 184. 185.
Seau. — 183. 285. 329.
Section à pied. — 246. 253. 255. 257. 296.
— de munitions. — 246. 253. 257. 271. 296. 297. 299. 309. 310.
— (Outil de). — (V. Outil).

14.

Section (Chef de). — 216.
Selle. — 268. 276. 280. 324. 326.
— (Cheval de). — (V. *Cheval.*)
Sellette. — 145. 149.
Semelle. — 125. 127. 143. 179. 187. 227. 281.
Serge. — 36.
Serrurier. — 186. — (V. *Ouvrier*).
Servant. — 132. 133. 135. 182. 248 et suiv. 273. 274. 275. 284. 288. 290. 291. 298. 306. 308. 312. 317. 327.
Servante. — 173. 276.
Service en campagne. — 272. — Chapitre VII.
Seuil. — 340. 360.
Siége. — 7. 14. 59. 76. 136. 142. 155 et suiv. 173. 188. 189. 221. 227. 238. 248. 272. 336 et suiv.
— des servants. — 133. 249.
Signal. — 99. 238.
Soufre. — 47. 73. 75. 78.
Soulèvement. — 138. 140. 142. 212.
Sous-bande. — 18. 128.
Sous-chef artificier. — 100. 183. 251. 305. 307. 308. 313. 319. — (V. *Garde-parc.*)
Sous-officier. — (V. *Adjudant, fourrier, maréchal des logis*, etc.)
Sous-verge. — 175. 182. 276. 280. 284. 287. 288. 291.
Spatule. — 183.
Support de pointage. — (V. *Pointage.*)
Sûreté (Appareil de) — 10. 11.
Suspension. — 160. 173. 290.
Système de pointage, de sûreté, etc. — (V. *Pointage, sûreté,* etc.)
— des canons à balles. — 31.

T

Table de tir. — 231. 232. 239. 243. 244. 274.
Tablier. — 195. 196.
Talus. — 339. 340. 342. 347. 348. 353. 356. 359 et suiv.
Tamisage de la poudre. — 81. 281.
Tampon. — 33.
Télémètre, télomètre. — 183. 230.
Tenon. — 62. 158.
Tente. — 282. 300.
Terre coulante. — 339. 342. 344.
Terre-plein. — 338. 340. 356. 358. 363. 365.
Tête mobile. 10. 12. 16. 23. 24. 25. 31. 33. 315.
Timon. — 160. 170. 173. 180. 286. 325.
Tir. — 67. 74. 126. 131. 136. 143. 313 et suiv. 339. 340. — Chapitre V.
— plongeant. — 94. 210. 211.
— vertical. — 58. 211.
Tirage. — 140. 168. 174. 175.
Tire-feu. — 56. 180. 183. 306.
Toile. — 151. 153. 300.
Tombereau. — 142. 159.
Tourillon. — 17. 18. 29. 125. 128. 139.
Tournant. — 126. 168 et suiv. 176. 197. 280. 286.
Tourne-à-gauche. — 30.
Tourne-vis. — 23. 183. 184.
Tracé. — 346. 356. 365.
Train. — 173. — (V. *Avant-train.*)
— d'artillerie. — (V. *Compagnie.*)
— régimentaire. — 298.
Trait. — 157. 175. 180. 187. 276. 280. 286 et suiv. 295.
— (Cheval de). — (V. *Cheval.*)

Trajectoire. — 1. 3. 126. 203. 205. 209. 210. 234. 243. 244.
Tranchée (Chèvre de). — 190. 193.
Tranchée-abri.. — 316. 318.
Transport de la dynamite. — 111.
— de la poudre. — 79. 81. 82.
— de la terre. — 354. 357.
— des bouches à feu. — 125. 143. 157.
— des munitions. — 69. 110. 114 et suiv. 132. 157. — (V. *Coffres*.)
— des servants. — 126. 308.
— en chemin de fer. — 324 et suiv.
Travailleur. — 346. 356. 357. 358.
Travée. — 195.
Traverse. — 342 et suiv. 353.
Treuil. — 157. 158. 191.
Tricoise. — 184. 186.
Triqueballe. — 18. 143. 155. 168. 188. 365.
Trousse. — 120. 121. 124. 311.
Truc. — 324. 325.
Tubage, tube. — 9.
Tube central. — 49.
— garni. — 96.

U

Ustensile de campement, de cuisine, etc. — (V. *Campement, cuisine,* etc.)

V

Vent. — 61. 199. 200. 224. 234. 235.
Verrou. — 11. 23. 25. 26. 31.

Vis-arrêtoir. — 24. 26. 315.
— de culasse. — 8. 10. 11. 12. 16. 23. 315. —
(V. *Culasse.*)
— de frein. — 139.
— de pointage. — 18. 32. 131. 216. 219. 274. 277.
— (V. *Pointage.*)
— de pression, de rappel. — 214. 218. 219.
Visite du matériel. — 234. 269. 331. 332. 333.
Vitesse de combustion. — 96. 99. 101. 103.
    — des projectiles. — 48. 50. 210. 243. 244.
    — des troupes. — 243.
    — du son. — 229.
    — du tir. — 307. 315.
Vivres. — 252. 270. 284.
Voie. — 140. 169.
— circulaire. — 145. 173.
— du chemin de fer. — 322.
Voiture. — 252. 253. 255. 266. 273. 281. 325. —
    Chapitre IV. — (V. *Parc.*)
— régimentaire. — 154. 160.
— (Chef de). — (V. *Brigadier*).
Volée (Tirer à toute). — 244.
Volet. — 10. 20. 23. 315.

W

Wagon. — 324 et suiv.

Z

Zinc. — 51. 60. 79.

Paris. — Imprimerie de J. DUMAINE, rue Christine, 2.

www.ingramcontent.com/pod-product-compliance
Lightning Source LLC
Chambersburg PA
CBHW050340170426
43200CB00009BA/1665